MÜNCHNER
NEUESTE
SAGEN

Bastian Mahler

WIE DIE ISARFLÖSSER DAS SURFEN ERFANDEN

Münchner neueste Sagen

Volk Verlag München

meiner Familie

Alle Zeichnungen aus der Feder des Autors.

Die Deutsche Bibliothek verzeichnet diese Publikation in der
Deutschen Nationalbibliografie; detaillierte bibliografische Daten
sind im Internet über https://portal.dnb.de/ abrufbar.

© 2021 Volk Verlag München
Neumarkter Straße 23; 81673 München
Tel. 089 / 420 79 69 80; Fax: 089 / 420 79 69 86

Druck: Druckerei Pustet, Regensburg

ISBN 978-3-86222-406-7

www.volkverlag.de

INHALT

Vorwort

Spaziere ich durch Münchens Innenstadt oder die historischen Teile seiner Stadtviertel, scheint es mir, als ob jeder Ort eine Geschichte erzählt: Ich höre vom Teufelstritt, vom klingenden Henkersglöckchen und von zahlreichen Geisterkatzen – Legenden und Sagen auf Schritt und Tritt.

So bin ich dann doch verwundert, als ich mitten in der Altstadt fragend vor dem Löwenturm stehe und nur zu hören bekomme: Nix Genaues, weiß man nicht.

Ein so prominentes Gebäude umrankt keine Geschichte? Ähnliches widerfährt mir, als ich den Rotkreuzplatz Eis schleckend überquere und mich nach der tieferen Bewandtnis der Brunnenfiguren erkundige: „Das ist Kunst!", heißt es lediglich oder, „des is da Ex-Ob Kiesl und sei Oide." Mehr aber auch nicht.

Schade!

Und doch auch wieder nicht: Geben mir diese Lücken doch die Gelegenheit, mir meinen eigenen Reim auf den Löwenturm, den Rotkreuzplatzbrunnen, aber auch auf das Lieblingstier der Münchner, den

Dackel, zu machen. Gerade Letzterer hat es meines Erachtens verdient, in den Sagenschatz der Landeshauptstadt einzugehen.

Ich möchte Sie mit dem vorliegenden Erzählband zu einem Spaziergang durch München einladen – mit neuen Sagen, Legenden und Geschichten im Gepäck, die so noch unerhört und frisch sind!

Bastian Mahler, im September 2021

Aloha auf dem Eisbach
oder
wie die Isarflößer das Surfen erfanden

Hartnäckig hält sich weitläufig das Gerücht, dass das Surfen auf Hawaii erfunden worden und von amerikanischen GIs in die Welt getragen worden sei. Während Letzteres sicherlich wahr ist, so kann man Hawaii als Ursprungsort des Wellenreitens auf Holzbrettern durchaus anzweifeln, wenn man mitten in München die Eisbachsurfer betrachtet, die zu jeder Jahreszeit ihre Welle reiten und deutlich ursprünglicher wirken als jeder Sunnyboy aus Kalifornien. Dieser Eindruck täuscht mitnichten, sind sie doch die letzten Relikte der Jahrhunderte alten Tradition der Isarflößer, die ihren Weg von Wolfratshausen bis nach München und darüber hinaus machten.

Isarflößer war einst ein recht einträglicher, aber sicherlich gefährlicher Beruf, für dessen Ausübung nicht jeder geeignet war. Doch an Nachwuchs hatte es lange nicht gemangelt, da es kaum Konkurrenz gab. Welch andere Tätigkeit war so wagemutig? Welch anderer Beruf ließ einen so im Ansehen der Mädchen steigen? Mit der einsetzenden Industrialisierung jedoch und der besser bezahlten Arbeit in der nahen Großstadt kämpften auch die Flößer zunehmend um geeigneten Nachwuchs.

Gewieft wie die Isartaler schon immer waren, erdachten sie sich einen Wettbewerb, den man heute wohl Imagekampagne nennen würde, um ihren Berufsstand wieder zu höherem Ansehen zu bringen. Die Welle an der Floßlände sollte dabei eine zentrale Rolle spielen: Der Wettbewerb wurde von Blasmusik und einer Brotzeit umrahmt, während junge Männer – Frauen waren, wie so oft, aus den sogenannten Traditionsgründen nicht zugelassen, womit sich die Isarflößer selbst die Chance auf fähigen Nachwuchs nahmen – es versuchten also junge Männer auf einem Holzstamm in der stehenden Welle zu balancieren. Dies war ein eigentlich unmögliches Unterfangen, sodass es kaum einem gelang, seinen Sturz ins Wasser länger als ein paar Momente hinauszuzögern, was aber dem Gaudium des Publikums keinen Abbruch tat; was also der Toboggan auf der Wiesn bis heut ist, waren die Baumstammfaller auf der Isar damals.

Um die Wettbewerber auf den Baumstamm zu geleiten, hatte man links und rechts zwei Bretter angebunden, auf denen erfahrene Flößer standen. Diese Bretter wurden abends mitsamt dem Stamm ans Ufer gelegt. Als nun eines Abends die Flößer sich ans Aufräumen machten, wollten sie einem jungen und frechen Flößerburschen, der mit seiner Lockenpracht und seiner Angewohnheit, ohne Hemd aufzutreten, die Augen der Mädchen und den Neid der anderen Flößer auf sich zog, eine Lektion in Demut erteilen. Sie ahnten nicht, dass dies der Beginn einer Tradition und die Geburt einer waghalsigen neuen Sportart, dem Surfen, sein sollte. Mit ihm wollte man einen Schabernack treiben und ihm dabei ein unfreiwilliges Bad bescheren. Just in dem Moment, als er sich auf dem Zuführbrett befand, um den Baumstamm einzuholen, wurde das Halteseil gekappt und die Planke mit einem kräftigen Stoß in die Welle geschuppst. Zur Überraschung aller ließ sich der Lockenkopf davon allerdings nicht aus der Ruhe bringen. Er suchte und fand sein Gleichgewicht und ritt nun förmlich auf der Spitze der Welle. Es gelang ihm nicht nur, länger als allen anderen auf dem Wasser zu balancieren, nein, dieser Kerl hatte sogar die Frechheit und das Geschick, seine Übeltäter mithilfe des Brettendes nass zu spritzen.

Das verbliebene Publikum und die anderen Flößer waren beeindruckt. Schließlich aber plumpste der erste Isarsurfer doch ins Wasser. Nun packte alle anderen Flößer das Fieber. Der nächste Bursche schnappte sich das Brett und versuchte auf der Welle sein Glück.

Auch er hielt es länger aus, ihm gelang sogar ein Richtungswechsel. Das Surfen war geboren. Von nun an boten die Isarflößer regelmäßig dieses Spektakel an. Den Niedergang ihrer Zunft konnten sie dennoch nicht aufhalten. Das Holz wurde bald mit Eisenbahnen transportiert. Die verbliebenen Flößer entwickelten sich zur Folklore und transportierten nun statt Baumaterial gestresste Städter mit Bier, Brotzeit und Blasmusik in der prallen Sommersonne auf ihren Flößen die Isar hinunter.

Junge Flößer wanderten in die wachsende Stadt ab, aber ihr Hobby, mit Holzbrettern auf Wellen zu reiten, nahmen sie mit, denn sie hatten die stehende Welle im Eisbach im Englischen Garten entdeckt.

Als nach dem Zweiten Weltkrieg die Amerikaner im ehemaligen Haus der Deutschen Kunst ihr Offizierscasino, das heutige P1, einrichteten, beobachteten sie fasziniert diese jungen Burschen mit ihren Holzbrettern, kopierten deren Idee und verkauften sie als Surfing in alle Welt – auch nach Hawaii.

Der Brunnen am Rotkreuzplatz –
zu Stein gewordene Buße

Von den vielen Plätzen, die es in München gibt, ist der Rotkreuzplatz in Neuhausen bei Kindern wohl der beliebteste. Hier können sie nicht nur Tauben nachjagen oder an drei verschiedenen Eisdielen um Eis betteln, am liebsten erfolgreich an allen dreien, nein, hier gibt es auch einen Brunnen, der lustig plätschert und, und das ist das Besondere, an heißen Tagen Abkühlung verspricht. Denn es ist kein langweiliger Beckenbrunnen, an dessen Grund alte Bierdosen, Kronkorken und Algen modern, sondern ein begehbares Wasserspiel, dessen zwei riesige sitzende Steinfiguren in immer wieder überraschenden Intervallen erfrischendes Nass aus ihren Händen spritzen lassen. Und wer sich zu nah heranwagt, riskiert einen nassen Hintern, wenn auch aus den Backsteinhockern neben dem Steinernen Paar, auf denen sich die gestressten Eltern gerne ausruhen, plötzlich eine kleine Fontäne spritzt. Fröhliches Kindergeschrei erfüllt so den Rotkreuzplatz im Sommer. Einen besseren Brunnen für Kinder gibt es in München nicht.

Und dies zeigt wieder einmal den Sinn der Geschichte für Ironie. Denn die Vorbilder der beiden Steinfiguren waren keineswegs Kinderfreunde. Ganz im Gegenteil: Sie hassten sie förmlich, aber nicht nur Kinder, nein, sie verabscheuten jeden, der sich am Leben erfreute und dies durch ein Lächeln oder einen kleinen Ratsch mit Bekannten am Rotkreuzplatz kundtat. Und davon gab es zur Jahrhundertwende zahlreiche Zeitgenossen auf dem zentralen Platz in Neuhausen. Da waren zum einen diejenigen, die im Krankenhaus der Schwesternschaft des Roten Kreuzes Genesung erfahren hatten und ihren neuen Lebensmut mit einem Spatenbier vom Krankenhauskiosk feierten. Hatte doch die Brauerei nicht unwesentlich den Ausbau des Krankenhauses finanziell unterstützt, infolgedessen wurde das Bier nun im Krankenhaus ausgeschenkt, was aber, so behaupten böse Zungen, die Zahl der Kopfwehleiden unter den Kranken in die Höhe steigen ließ.

Wer sich aber nicht mit Bier im Krankenhaus versorgen wollte, konnte zu dieser Zeit aus zahlreichen Gasthäusern am Platz wählen oder er spazierte einfach Richtung Südwesten die Donnersberger Straße entlang und kehrte in eine der Bierhallen ein, deren Angebot maßgeblich zur Hebung der Laune führte. Genuss ohne Alkohol versprachen der Süßwarenkiosk am Eck, der sich im Laufe der Zeit zu einer bekannten Eisdiele entwickelte. Kurz gesagt, auf dem Rotkreuzplatz herrschte ein fröhliches und munteres Treiben.

Eigentlich. Denn mitten drin befand sich ein Obst- und Gemüsestand, dessen Besitzer die besagten Menschenfeinde waren, die dann in Stein verewigt wurden, aber nicht zu ihren Ehren, sondern um Sühne zu leisten für ihre Hartherzigkeit und ihren harschen Umgang mit ihren Mitmenschen. Das mag zunächst verwundern, denn es ist ja in München wahrlich nichts Ungewöhnliches, dass ein Standbetreiber grantelt. Man wäre vielmehr irritiert, wenn ein solcher freundlich und zuvorkommend auf einen zuginge und einem nicht nur ein halbes Pfund Kirschen verkaufte, sondern noch ungefragt und gut gelaunt das Wetter des nächsten Tages prophezeite. Der ruppige Ton gehört zum guten Ton in der Isarmetropole. Jedoch vergriff sich das Obsthändlerpaar eben in diesem. Sie zogen stets Gesichter, als ernährten sie sich von morgens bis abends ausschließlich von Zitronen, waren nur zuvorkommend zu wohlhabenden Kunden oder zu Personen höheren Standes.

Alle anderen erlebten sie als den Inbegriff der Unfreundlichkeit. Nichtsdestotrotz führten sie den bestlaufenden Obst- und Gemüsestand am Rotkreuzplatz aus dem einfachen Grund, dass sie der einzige Obst- und Gemüsestand am Platz waren. Jeden Konkurrenten hatten die beiden erfolgreich vertrieben. Entweder mit ruinösen Niedrigpreisen für ihre Waren, die sie sich leisten konnten, da sie ja wussten, dass sie danach wieder konkurrenzlos aufschlagen konnten, oder durch List und Niedertracht. Sollte ein Mitbewerber tatsächlich die Frechheit besessen haben und hartnäckiger sein zu wollen als sie, zerstörten sie dessen Ruf mit windigen Geschichten über die Herkunft und Qualität dessen Ware. Diese bösen Gerüchte unterstützten sie mit handfester Sabotage.

Ein beliebtes Mittel war es abends, wenn der andere Standbetreiber bereits Feierabend gemacht hatte, die Abwasserbrühe vom Reinigen der eigenen Auslagen hinter beziehungsweise unter den Stand des anderen zu kippen, sodass es dort am nächsten Tag nicht nur furchtbar stank, sondern auch Ratten und Mäuse angezogen wurden, womit sich die falschen Aussagen zu bewahrheiten schienen.

Überhaupt war Wasser ihre Lieblingswaffe. Verirrten sich beispielsweise Kinder beim Fangen spielen in die Nähe ihres Standes, ernteten diese nicht nur eine Salve Schimpfwörter, sondern auch einen Eimer Abwasser. Die beiden sorgten darüber hinaus dafür, dass alle Sitzgelegenheiten am Platz feucht und ungemütlich waren, sodass niemand in die Versuchung kam, sich länger niederzulassen. Eilen, nicht verweilen war ihr Motto und der Rotkreuzplatz trug zu Recht den Namen „Neuhauser Stachus". Die moderne Großstadt im beschaulichen Neuhausen.

Zu einer Großstadt gehört allerdings auch, dass sich Armut und Wohlstand auf engstem Raum treffen. So kam es dann, kurz vor dem Zweiten Weltkrieg zu einem Ereignis, das den Grundstein für den Brunnen legen sollte. Eine alte Bäuerin, die in der Jagdstraße in einem kleinen Häusl ihren Lebensabend fristete, trat eines Abends, als die beiden bereits ihren Stand abgebaut und gereinigt hatten, an diese heran und bat um die angeschlagene, nicht mehr verkäufliche Ware, die in einer rostigen Tonne am Rand stand, da sie vor Hunger weder ein noch aus wusste. Es wäre kaum eine Tat von Menschlichkeit gewesen, der Bitte der Alten nachzukommen, denn die Äpfel waren schon braun, die Birnen zermatscht und die Kirschen faulig. Doch selbst in dieser Situation waren die hartherzigen Händler zu geizig. Voll Zorn und Boshaftigkeit vertrieben sie die Alte: Die Marktfrau zögerte nicht und kippte ihr den Eimer mit der Abwasserbrühe vor die Füße, bevor sie ihr Worte an den Kopf warf, die einem Bierkutscher die Röte ins Gesicht gejagt hätten. Der Mann griff nach der verfaultesten Birne und warf nach dem Bauernweib, das vor Schreck schon humpelnd das Weite suchte. Da habe sie ihr Obst, brüllte er ihr nach. Als die Birne sie am Rücken traf, verlor sie das Gleichgewicht und strauchelte. Ein junger Bub, der zufällig gerade des Weges kam, packte allerdings beherzt zu und verhinderte ihren Sturz. Die Alte richtete sich auf, wendete sich zum Gemüsestand und verfluchte das herzlose Pack. Ihre Seelen sollten nie zur Ruhe kommen und diesen Platz nie wieder verlassen, bis sie nicht den Menschen tausendfach mehr Freud als Leid gebracht hätten. Vom Stand hörte man nur schallendes Gelächter. Die krüppelige Hexe solle sich zum Teufel scheren.

Nun drehte sich die Alte dankend zum hilfsbereiten Knaben. Der Bube erkannte die Not der Bäuerin, kramte aus der Hosentasche sein gesamtes Taschengeld, mit dem er sich eigentlich Süßigkeiten am Eck kaufen wollte, und schenkte es ihr. Zögerlich nahm es die Alte entgegen und segnete ihn.

Wenige Tage später starb sie entkräftet, doch konnte die milde Gabe wenigstens für einen Blumenschmuck an ihrem schlichten Grab sorgen.

Der Knabe, der nur zu Besuch bei Verwandten war, kehrte mit seinen Eltern in seine Heimatstadt am Main zurück.

Und das Händlerpaar? Ihr Leben fand in der Bombennacht am Ende des Zweiten Weltkriegs ein Ende, die den alten Rotkreuzplatz für immer zerstören sollte. Die beiden wurden von herunterfallenden Trümmern erschlagen und darunter begraben, ihre Leichen aber nie gefunden. Hier könnte die Geschichte enden, doch noch steht der Brunnen nicht.

Bald nach dem Krieg erwachte in Neuhausen das Leben wieder. Es sollte jedoch nicht mehr so werden wie zuvor. Zwar eröffneten die Eisdielen wieder und ein, zwei Gasthäuser, aber der alte Charme war verloren. Die Donnersberger Straße fiel in einen Dornröschenschlaf, aus dem sie bis heute nicht aufgewacht ist, und über den

Rotkreuzplatz donnerten mit dem wachsenden Wohlstand immer mehr Autos und LKW, sodass nun keiner gerne länger dort verweilte als notwendig.

Die wenigen Sitzgelegenheiten waren darüber hinaus wenig einladend, da sie auch im Sommer ungewöhnlich feucht waren, und wenn man sich dennoch niederließ, so stieg einem ein unangenehmer Geruch von verfaultem Gemüse und gammligem Obst in die Nase. Manch einer von den älteren Neuhausern raunte, dass es nicht mit rechten Dingen zugehe. Es schien, als wäre nicht das Obsthändlerpaar verflucht worden, sondern der Rotkreuzplatz.

Nicht dass es keine Versuche gegeben hätte, den Platz anders zu gestalten. Doch immer, wenn eine Planungskommission einen Ortstermin im ehemaligen Herzen Neuhausens wagte, begann es heftig zu regnen oder der üble Gestank nahm drastisch zu oder die Damen und Herren verstanden aufgrund des heftigen Verkehrs kein Wort voneinander und gaben bald entnervt auf.

Der Zufall brachte die Rettung. München erhielt einen Oberbürgermeister, der sich als Oberbaumeister sah und auch den Rotkreuzplatz umgestaltet sehen wollte. Und der junge Knabe, der damals der Alten half, war mittlerweile in die Stadt an der Isar gezogen. Erfolgreich war er geworden, wie es die Bauersfrau vorausgesagt hatte – ein angesehener Künstler und Hochschullehrer. Als die Stadt nun einen Wettbewerb für die Gestaltung des Platzes auslobte, war das Interesse des Mannes geweckt. War es doch Jahrzehnte her, dass er diesen Ort besucht hatte. An einem schwülen Sommerabend wagte er einen kleinen Spaziergang zum Rotkreuzplatz.

Er war schockiert, wie sehr sich alles verändert hatte. Die Winthirapotheke war nur noch ein Schatten ihrer selbst, der Turm fehlte. Der Platz wurde stattdessen von einem riesigen Backsteinkoloss von Kaufhaus dominiert und alle hetzten nur so vorüber, obwohl es bereits dämmerte, der Abend einbrach und der Tag zur Ruhe kam. Er wollte den Ort auf sich wirken lassen und suchte eine Bank auf. Mit einer Zeitung deckte er die ungewöhnlich feuchte Stelle ab, ignorierte den fauligen Duft, den er auf einen Wetterwechsel schob und stellte sich vor, wie der Platz einst ausgesehen hatte. Sah den Behelfsbau, der das „Jagdschlössl" beherbergte, das „Sarcletti", das „Forsterhaus", das Hotel „Neuhausen". Die Sonne senkte sich, es dämmerte und als er noch einmal seinen Blick über den Platz schweifen ließ, streifte er die Ecke des Platzes, wo sich einst der Obst- und Gemüsestand befunden hatte. Keine Spur mehr von ihm, nur die Baustelle für die neue U-Bahn. Direkt davor unter einem Baum waren zwei Kinder ins Spiel vertieft: Sie hielten ein Kaffeekränzchen ab, dazu hatten sie sich von der U-Bahnbaustelle Backsteine ausgeliehen und zwei weitere Gäste gebaut: Einen dicken Mann und eine wuchtige Frau. Voller Freude kredenzten sie den Figuren Sandkuchen und Luftgebäck, den Trubel der Erwachsenen um sich ignorierend. Plötzlich aber fielen die Steinwesen ineinander zusammen, als hätte sie ein grober Windstoß niedergerissen.

Erschrocken saßen die Kinder da, der Mann war überrascht, war doch alles windstill und weit und breit kein Mensch zu sehen. Da trat eine alte Frau neben ihn und sprach: „Sie lassen immer noch keine Freude zu. Auf ewig verdammt sind sie!" Und zeigte in Richtung der Steinhaufen. Der Mann folgte ihrem Fingerzeig und für einen Moment hatte er den Eindruck, hinter den Kindern die Schemen eines Obst- und Gemüsestandes wahrzunehmen, aus dem zwei wuchtige Personen Wasser schütteten und dabei schimpften und zeterten. Er rieb sich die Augen, sah erneut hin. Da war nichts mehr, obwohl er sicher war, dass er sich nicht getäuscht hatte. Es schauderte ihn kurz, er drehte sich erschrocken zur Alten hin, die aber ebenfalls verschwunden war. Woher kannte er ihr Gesicht? Verwirrt blieb er noch eine Weile sitzen. Es müsse die flirrende Sommerhitze sein. Ein Eis sollte Abkühlung bringen, so wählte er die nächstliegende Eisdiele, kaufte sich zwei Kugeln und spazierte weiter. Was er am Rotkreuzplatz gesehen hatte, ließ ihn aber nicht los.

Zuhause angekommen, setzte er sich an den Schreibtisch und begann mit Entwürfen für den Brunnen. Er wollte dem Rotkreuzplatz die Seele zurückgeben, doch egal, was er entwarf, es gefiel ihm nicht. Auch ging ihm die Erscheinung an der Baustelle nicht mehr aus dem Kopf. Wie die Kinder weinten über den Verlust ihrer steinernen Spielkameraden, die Erinnerung an die bösen Obstdandler und die Alte, die sie einst verfluchte.

Unversehens hatte er dabei die Figuren der Kinder aufs Blatt gebracht. Nur größer und wuchtiger und stabiler. Hatten die beiden nicht immer mit Wasser die Leute verjagt? Was wäre, wenn ihr Wasser Menschen anlockte? Wenn Kinder gerne zu ihnen kämen, lachten und jubelten? Die Idee war gefunden. Das sitzende steinerne Paar.

Die Wettbewerbskommission war zunächst wenig angetan von den Backsteinkolossen, doch der damalige Oberbürgermeister, dem jemand gesagt hatte, dass doch eine gewisse Ähnlichkeit zwischen ihm und dem Steinriesen sei, fühlte sich geschmeichelt. Er sah darin für sich ein Denkmal für die Ewigkeit, nicht aus Kiesel, sondern aus Backstein. So wurde der Entwurf doch umgesetzt. Zwar verlor der Oberbürgermeister zwei Tage vor der Brunneneröffnung sein Amt, der Rotz-kreuzplatz gewann aber eine Attraktion. Anfangs war man, wie üblich, skeptisch, den Kindern war dies jedoch egal. Sie schlossen das steinerne Paar schnell in ihre Herzen. Sie kreischten, johlten und lachten nach Herzenslust. Kaum einem fiel auf, dass die Sitzgelegenheiten nun, außer bei strömendem Regen, trocken waren und der faulige Gestank aufgehört hatte. Warum? Es wird vermutet, dass die ruhelosen Seelen des hartherzigen Ehepaars in den Backsteinfiguren gefangen worden sind, da sie einst durch Backstein ihr Leben verloren haben und sie nun endlich für ihre Taten büßten. Wer es nicht glaubt, der soll sich den Figuren nur nähern, dann hört er, wenn die Fontänen spritzen, ganz leise derbste Flüche und erkennt mit der Nase den leicht süßlichen Duft von fauligem Obst im Wasser, wenn er dabei nicht schon bis zur Unterhose nass ist.

Die schlaue Sau

Die Kaufinger Straße gehört mittlerweile zu den umsatzstärksten und meist besuchten Einkaufsstraßen Deutschlands.

Das war nicht immer so, auch wenn die heutige Flaniermeile als Teil der Salzstraße stets eine besondere Rolle spielte. Die Rolle als Besuchermagnet verdankt sie aber einer schlauen Sau, was hier nicht als Beleidigung für einen frühen Kapitalisten gemeint ist, nein, damit ist buchstäblich ein Schwein gemeint, das intelligenter war als viele seiner Artgenossen. Und an dieses Tier erinnert, wo die Kaufingerstraße endet und die Neuhauser Straße beginnt, sogar eine Bronzestatue vor dem viel später gegründeten Jagdmuseum. Das Schwein hat eine viel längere Geschichte und gilt vor allen Dingen bei den in der Straße auftretenden Künstlern als Glücksbringer, daher ist seine Schnauze von der Berührung der vielen Bittsteller blank gerieben, sodass sie wundervoll glänzt.

Um zu verstehen, wie es dazu kam, muss man aber in die Zeit zurückgehen, als es noch Schweinehirten im Umland von München gab, die regelmäßig den Markt in der Stadt aufsuchten. Unter ihnen gab es einen, der nicht nur die üblichen Hausschweine vor sich hertrieb, sondern auch ein zahmes Wildschwein sein Eigen nannte. Als der Hirte aus der Gegend um Ebersberg, woher sonst, eines Tages seine Tiere im angrenzenden Forst weiden ließ – früher maß man den Wert eines Waldstückes eher daran, wie viele Schweine es mit seinen Bucheckern, Pilzen etc. ernähren konnte, als an der Menge des darin enthaltenen Nutzholzes – zählte der Hirte also bei der Rückkehr plötzlich ein Ringelschwänzchen mehr. Verwundert sah er, dass sich ein Frischling zu der Muttersau gesellt hatte. Vermutlich war es eine Waise, hatte doch vor kurzem eine adelige Jagdgesellschaft die Gegend heimgesucht. Der Hirte akzeptierte freudig den unverhofften Zuwachs, konnte so eine Wildsau doch einen guten Preis einbringen, wenn sie erst einmal ausgewachsen war.

Es sollte jedoch anders kommen.

Das Schwein gedieh zwar wie vermutet, aber es war ungewöhnlich zutraulich für ein wildes Tier. Es suchte förmlich die Nähe des Hirten. Und jedes Mal, wenn dieser seinem Hund ein Kommando gab, blickte das Schwein interessiert, als ob es verstünde, worum es ging. Und tatsächlich: Als der Hirte eines Tages seinem Hund befahl, Sitz zu machen, setzte sich das Schwein auch. Erst glaubte er an einen Zufall, doch als er den Befehl wiederholte, setzte sich die Sau wieder. Nun probierte er es mit einem anderen Zuruf und siehe da, auch diesen setzte das Schweinderl um. Langsam begann der Hirte Freude daran zu entwickeln, vor allen Dingen, weil sein Hund schon alt war und von jeher ungern gehorchte. Die lange Zeit des Weidens nutze er nun, um dem kuriosen Tier weitere Kunststücke beizubringen, wie rollen, apportieren, Pfote bzw. Klaue geben und zahlreiches mehr. Ganz unversehens war das talentierte Tier dem Mann ans Herzen gewachsen, wie sehr sollte sich zeigen, als sie wieder einmal in München weilten.

Der Hirte passierte mit seiner Herde gerade den Vorplatz des Liebfrauendoms, als der Vorabendgottesdienst zu Ende ging und die Massen aus den Toren strömten. Er zog sich daher an die Mauern des angrenzenden Augustinerklosters zurück. Da erblickte ein Ratsherr die Herde und erkannte seine Chance, noch einen saftigen Sonntagsbraten zu erwerben, hatte er doch so eben spontan seine Ratsgenossen zum Mahl eingeladen. Zielstrebig steuerte er auf die Herde zu, bereits prüfend, welches Tier seine Silberplatten dampfend zieren sollte. Sein Blick fiel auf das Wildschwein neben dem Hirten, ein prächtiges, groß gewachsenes Tier. Das wäre etwas Besonderes, damit könnte er sich sehen lassen. Forsch sprach er den Hirten an, was denn das Tier kosten solle. Überrascht von dem unverhofften Geschäft benötigte der Hirte einen Moment des Sammelns, bevor er reagieren konnte. Schon wollte er einen Preis äußern, als er realisierte, dass es sich hierbei um seine schlaue Sau handelte. Sein Herz spürte einen Stich. Dieses Tier sei nicht verkäuflich, entgegnete er daraufhin. Der Ratsherr grinste, vermutete er doch Taktik hinter der Antwort, um einen höheren Preis zu erlangen, betrachtete das Tier erneut und entschloss sich, einen höheren und weiß Gott nicht schlechten Betrag vorzuschlagen. Die Antwort jedoch erboste ihn. Warum in aller Welt sei solch ein Tier nicht zu erwerben, zischte er.

Zögerlich meinte der Hirte, dass es sich hierbei um ein besonderes Tier handele, um eine sehr schlaue Sau. Der Städter lachte herzlich auf. So etwas habe er noch nie gehört. Ob das Tier denn rechnen könne oder wenigstens wie sein Hund Sitz machen. Er staunte nicht schlecht, als das Schwein sich auf die Hinterläufe setzte und ihn mit wiegendem Kopf neugierig anschaute. Verdutzt stieß er aus, das Schwein macht Sitz! Verwundert drehten sich ein paar Passanten um und näherten sich dem komischen Dreigestirn.

Ich erhöhe den Preis! Das ist ein wahrlich köstlicher Braten, der sich selbst in die Pfanne setzt. Nein, entgegnete der Hirte. Das Tier sei viel zu schade dafür, denn es könne noch viel mehr. Er löste sich aus seiner Starre und zeigte nun, was alles in dem Tier steckte. Mit jedem neuen Kunststück erhöhte der Ratsherr sein Angebot, nicht müde werdend zu betonen, mit welchen Beilagen und Soßen er gedenke das Tier zu verzehren. Mit jedem Kunststück sammelten sich aber auch immer mehr Menschen um die drei. Der Hirte ließ nicht locker. Sagte nein, nein abermals nein, wohlwissend, den Zorn des einflussreichen Mannes auf sich zu ziehen.

Für jenen war dies nun nicht mehr ein einfaches Geschäft, sondern eine Frage der Ehre. Von einem Schweinehirten wollte er sich nicht vor der ganzen Stadt bloßstellen lassen. Bitter rief dieser aus, jeder sei käuflich, jeder habe seinen Preis, griff tief in die Tasche und zog einen Dukaten hervor, der golden in der Mittagssonne glänzte. Nun schluckte der Hirte. Mit solch einem Gebot hatte er nicht gerechnet. Die Umstehenden verstummten, gespannt auf die Entscheidung des Hirten, der mit dem Goldstück ausgesorgt hätte. Nun, durchbrach der Bieter die Stille, wie schaue es aus?

Just in diesem Moment stieß ein Metzgermeister samt Sohn zum Publikum, irritiert über diesen ungewöhnlichen Auflauf, er entdeckte in der Menge seinen Spezl, den Zunftmeister der Bäcker. Was sei dem Höhnieß über die Leber gelaufen? Der wolle die schlaue Sau in seinen Sonntagsbraten verwandeln, das sei aber ein Kas und schad' ums Tier. Dies sei nämlich wahrlich eine Besonderheit. Aber so viel Geld könne der arme Mann nicht ausschlagen, egal wie viele Kunststücke das Tier beherrsche. Kunststücke, das wolle er sehen. Mit diesen Worten trat der Metzgermeister hervor, entschuldigte sich höflich bei dem erhitzten Ratsherrn, man kannte sich aber aus den gemeinsamen Sitzungen, die der Metzger als Zunftmeister der Schlachter ebenso besuchte, und erbat die Wiederholung der Kunststücke. Er war bass erstaunt, amüsiert und höchst erfreut, als er seinen Sohn voll Freude jauchzen hörte. Er erkannte, dass das

Tier wahrlich etwas Besonderes war und viel zu schade für den Kochtopf. Der Metzger wandte sich an den Hirten, er könne den Preis nicht überbieten, doch habe er hier einen Taler und wenn er nächste Woche wiederkäme, an selber Stelle, zur selben Zeit und die Sau könne etwas Neues, dann würde er einen weiteren Taler erhalten. Dieses Angebot war viel mehr im Sinne des Hirten, der untertänigst seinen Hut abzog, sich vor dem edlen Meister verbeugte, auf die Abmachung einschlug und den Taler entgegennahm. Just in dem Moment, als er seinen Hut wieder aufziehen wollte, trat der Bäckersmeister vor, und warf eine Münze von nicht geringem Wert hinein und bevor es sich der Hirte versehen konnte, prasselte das Geld von allen Seiten. Zwar war es am Ende weit weniger als der Golddukat, doch viel mehr als der Hirte je besessen hatte. Darüber hinaus hatte er noch sein Schwein. Der gläubige Mann war so gerührt von seinem Glück, dass er ins Kloster eilte, an dessen Mauer er Schutz gesucht hatte, um all das Geld zu spenden, das er nicht zum Leben benötigte. Und da der Hirte ein genügsamer Mensch war, freuten sich bei der folgenden Ausgabe der Almosen Münchens Arme über das unverhoffte Glück.

Sowohl der Hirte als auch der Zunftmeister der Metzger hielten sich an die Abmachung – beide kehrten am Samstag zurück. Das Schwein konnte einen neuen Trick, zumindest neu für den Meister, und wieder wurden der Hirte und die schlaue Sau belohnt. In kürzester Zeit hatte es sich zur Gewohnheit entwickelt, dass man nach dem Kirchgang beim Sauhirten vorbeischaute und sich amüsierte. Bald hatte sich unter den fahrenden Künstlern und reisenden Musikern herumgesprochen, dass sich auf der Kaufinger Straße eine oder zwei Münzen verdienen ließen. Da der Samstagabend aber der Sau gehörte, kam man an anderen Tagen. Gottesdienste wurde ja ständig gefeiert.

Und weil die Menschen nun nach dem Kirchgang länger verweilten und nicht mehr gleich zum Viktualienmarkt strebten, begannen die fahrenden Händler in der Kaufingerstraße feste Stände aufzubauen, um später Ladenzeilen anzumieten. Die ortsansässigen Kaufleute eröffneten im Parterre ihrer Wohnhäuser Ladenlokale und auch die Bäcker, Metzger und Konditoren boten ihre Waren feil. Es passierte, was immer wieder passiert. Wo die Kunst ist, kommt das Kapital, war es für das eine gut, ist es für das andere ideal. Bis dass die Kunst nicht mehr vor Ort sein kann, weil sie sich den Ort nicht mehr leisten kann. Heute heißt das Ganze etwas verblümt und anglisiert Gentrifizierung. Erst wenn sie, die Kunst, weg ist, denken sich die Menschen, schad eigentlich, hätten wir sie doch mehr geschätzt.

Unser Hirte bekam aufgrund seines hohen Alters nur die Anfänge dieser Entwicklung mit. Seinen Lebensabend verbrachte er bei bescheidenem Wohlstand. Als er das Ende kommen spürte, wuchsen seine Sorgen um das Wohlergehen seines Hundes und seines Schweins, da er sonst keine Familie hatte. Ob es das Schicksal war oder Gott oder eine höhere Macht, die wieder ihre Hand im Spiel hatte, um auch hier nachzuhelfen, weiß man nicht. Was man weiß, ist, dass eines Samstags, als der Hirte schon mit seiner Herde und seiner schlauen Sau weiterziehen wollte, ihn ein junger Mann in bunter Tracht ansprach. Ob der Alte ihm doch das Geheimnis verraten könne, wie er dem Schwein solch Kunststücke beigebracht habe. Er sei auch bereit, sich für den Rat erkenntlich zu erweisen. Der Alte, der sonst wenig menschliche Ansprache hatte, auch nie sonderlich Wert daraufgelegt hatte, jetzt aber das Ende spürend, freute sich über das Interesse und lud den Burschen ein, ihn, nachdem er den Großteil seines Erlöses wieder den Armen gespendet hatte, im Wirtshaus zu treffen.

Das Gespräch sollte ein erquickliches für beide Seiten werden und als am Ende der junge Mann, der zum fahrenden Volk gehörte, seinen Geldbeutel zücken wollte, ergriff der Alte dessen Hand und blickte ihn mit traurigen Augen an. Geld sei ihm nicht wichtig, nicht in diesem Alter, wichtiger wäre ihm, dass der Bursche seine Beerdigung organisieren könne. Und ob er sich dem Schwein und seinem Hund annehmen könne? Gerührt und geehrt von diesem Vertrauen schwor der Junge einen Eid, sich um alles, wie aufgetragen zu kümmern. Kaum zu früh war dieses Treffen zustande gekommen, denn nur drei Tage später starb der Alte. Der Junge regelte alles wie ausgemacht: Die Herde wurde verkauft, mit einem Teil des Erlöses die Beerdigung bezahlt, der Rest ging wie gewohnt an das Kloster und die Armen.

Das Schwein und der Hund gingen in den Besitz des Burschen über. Doch folgte der treue Hund bald seinem ehemaligen Herrchen, sodass nur das Schwein und der Bursche übrig blieben. Die beiden zogen erst durch Bayern, dann Deutschland und schließlich durch ganz Europa. Von Stadt zu Stadt, von Markt zu Markt und feierten große Erfolge. Sie blieben aber nicht lange allein. Immer wieder traf der junge Bursche auf Jahrmarktsdompteure, die aufgrund des Alters ihren Beruf aufgeben mussten, ihre Tiere aber nicht dem Abdecker übergeben wollten und deshalb ihm die Schützlinge anvertrauten. So wuchs das Duo bald auf eine kleine Truppe heran, die überall ihre Aufmerksamkeit auf sich zog. In Russland befreite der Bursche sogar einen Bären von der Kette, der ihm bald schon aus der Hand fraß. Letzteres tat er bei einer jungen Akrobatin, die er dann zur Frau nahm und somit seinem Glück die Krone aufsetzte.

Gemeinsam machten sie sich einen Namen, traten in großen Städten auf, vor Fürsten, Herzögen und Königen. Ihre Dressuren und ihre Akrobatik wollte jedermann sehen. Sie waren so erfolgreich, dass sie es sogar wagen konnten, für den Winter ein festes Quartier zu beziehen. Den ehemaligen kleinen Straßenkünstler und nun erfolgreichen Dompteur zog es nach München, wo einst der Grundstein für seinen Erfolg gelegt worden war. Er erwarb einen Acker zwischen Galgenberg an der

Schwanthaler Höhe und dem Marsfeld knapp außerhalb der Stadt, auf dem seine schlaue Sau, die er bereits
in Rente geschickt hatte, die letzten Lebenstage verbrin-
gen konnte und schließlich friedlich starb.

Man hört wohl selten, dass ein Schwein, sogar ein
Wildschwein, ein Begräbnis bekommt. Doch nicht nur
das. Aus Dankbarkeit für das Glück in seinem Leben
wollte er dem Schwein und seinem Hirten ein Denkmal
stiften. Als Ort hatte er sich just die Stelle auserwählt,
wo er einst den Mann mit seinem Tier getroffen hatte.
Bei den Augustinermönchen rannte er offene Türen ein,
war der Schweinshirte aufgrund seiner Frömmigkeit
und Großzügigkeit noch allen ein Begriff. Mit dieser
kirchlichen Unterstützung war es in jenen Tagen eine
Kleinigkeit, die Stadtverwaltung und den Stadtrat zu
überzeugen.

Und so kam es, dass vor dem Augustinerkloster eine
Statue des Hirten, der ein großer Wohltäter war, obwohl
er selbst nicht viel hatte, aufgestellt wurde. Daneben saß
seine schlaue Sau, welche in Wirklichkeit ein ausge-
wachsener Keiler war.

Zur Enthüllung des Denkmals wurde ein rauschen-
des Fest veranstaltet. Fahrendes Volk kam von überall

her, um die Menschen zu unterhalten und dem Wegbereiter der Straßenkunst in der Kaufingerstraße zu danken. Man bewunderte Jongleure, lauschte Musikern und staunte über all die wilden Tiere, die ihre Kunststücke darboten. An jeder Ecke roch es nach einer anderen Leckerei. Alle versuchten sich zu überbieten. Eine Besonderheit gab es an diesem Tag in jener Metzgerei, deren Besitzer einst als Kind über das wundervolle Wildschwein gestaunt hatte. Zu Ehren des Tieres hatte der Knabe, der mittlerweile selbst Meister seines Faches geworden war, einen Braten kreiert, der ohne Schwein auskam. Er roch köstlich und wurde zwischen zwei Semmelhälften mit ein wenig Senf gereicht. Das Rezept blieb ein Geheimnis, das keine Sau, weder schlau noch menschlich, je erfahren sollte, außer man war selbst Metzger (und nicht mal das ist sicher). Zur Verwirrung zu wunderfitziger Menschen trug das Gericht, in Anlehnung an den denkwürdigen Dialog zwischen dem Metzger- und dem Bäckersmeister, den Namen Leberkas.

Als sich das Fest dem Ende neigte, berührten die Feiernden zum Abschied die Schnauze des Schweins, zum Teil aus Dank, zum Teil aus der Überzeugung, dass es Glück brächte.

Dieser Brauch hat sich gehalten. Und wer in der anderen Hand eine Leberkassemmel hält, hat sein Glück im Grunde schon gefunden.

In den Wirren des Zweiten Weltkriegs wurden beide Figuren entfernt, um sie vor Bombenschäden zu schützen. Später fand man allerdings nur die Statue der Wildsau wieder. Da das Jagdmuseum, welches kurz darauf in das ehemalige Augustinerkloster einzog, noch einen Hingucker brauchte, setzte man es einfach davor, unwissentlich fast an die ursprüngliche Stelle, und dort steht die schlaue Sau heute noch. Warum ein Waller aus Bronze daneben aufgestellt worden ist, weiß allerdings kein Mensch.

Der singende Trambahnfahrer vom Hart

Spaziert man vom Petuelpark die Grünanlage Richtung Norden entlang, so entdeckt der aufmerksame Beobachter an der Ecke Christoph-von-Gluck-Platz und Keferloherstraße mitten im Park Bänke, wie sie sonst an Wartestellen des MVVs stehen – nur ist allerdings weit und breit weder eine Buslinie noch eine Tramtrasse zu entdecken. Einst war das ganz anders, denn es fuhren hier mehrere Trambahnlinien, die den Harthof und später das Hasenbergl mit dem Scheidplatz und darüber hinaus verbanden. Die Strecke war der ganze Stolz des Münchner Nordens. Galt man doch mit Inbetriebnahme der Trasse als vollwertig in dieser reichen Stadt, die die Bewohner der Stadtviertel nördlich des Mittleren Rings sonst immer sehr stiefmütterlich behandelt hatte, da sie eher den unteren Schichten angehörten und so gar nicht Schickimicki waren.

Besonders eng verbunden mit den Tramlinien war der fünfte Sohn einer 12-köpfigen Familie vom Hart, dem es gelang, durch Fleiß und gute Noten einen Ausbildungsplatz als Trambahnfahrer bei der Münchner

Verkehrsgesellschaft zu ergattern. Als nun die Neubaustrecke vom Scheidplatz in Betrieb genommen wurde, ging für ihn ein Traum in Erfüllung: Er durfte in seinem Heimatviertel Dienst tun. Von Anfang an war er dabei – und zwar mit vollem Herzen. In kürzester Zeit stieg er zum beliebtesten Trambahnfahrer des Nordens auf, denn er war das Gegenteil eines Münchner Grantlers. Seine fröhliche und einnehmende Art wurde durch seine barocke Körperfülle nur noch unterstrichen. Die Kinder liebten ihn, weil er stets Bonbons dabei hatte und laut lustige Lieder mit ihnen anstimmte, die Männer ließen sich die neuesten anrüchigen Witze erzählen und die Damen erfreute er mit charmanten Komplimenten. Großzügig interpretierte er den Hinweis „Nicht mit dem Fahrer sprechen". Denn dies bedeute ja nicht, dass der Fahrer nicht mit den Gästen sprechen oder gar singen durfte.

Seine Vorgesetzten waren weniger angetan: Zwar erhöhte sich das Fahrgastaufkommen in seinen Schichten signifikant, das gleiche galt aber auch für die Verspätungen, da der singende Trambahnfahrer vom Hart gerne mitten auf der Strecke für einen kleinen Plausch Halt machte. Um die verlorene Zeit wieder hereinzuholen, erhöhte er dann ausgerechnet im damaligen Petuel-Tramtunnel riskant das Tempo – meist vergebens. Da er aber in absehbarer Zeit altersbedingt ausscheiden würde, entschied man sich, ihn noch bis zu seinem Ruhestand gewähren zu lassen. Es sollte jedoch anders kommen.

Die Moderne hatte dem Norden die Trambahnlinie gebracht und die Moderne sollte sie ihm auch wieder nehmen, denn mit dem dortigen Ausbau der U-Bahn wurde die Tram überflüssig.

Somit musste der singende Trambahnfahrer schweren Herzens kurz vor dem Ende seines Arbeitslebens Abschied von seiner liebsten Strecke nehmen. Bei der Verkehrsgesellschaft war man sich der Tragweite dessen bewusst und wollte dem verdienten Mann daher eine Ehre erweisen: Man gestattete ihm die letzte Fahrt der Linie 13.

Am Vorabend der Abschiedsfahrt hatte er wie üblich Dienst auf der Strecke. Trotz miesen Novemberwetters verbreitete der singende Fahrer wie gewohnt gute Laune mit Späßen und Gesang. Auf dem Rückweg zum Scheidplatz war er jedoch verstummt, was zunächst niemandem auffiel. Die wenigen Fahrgäste waren müde und das nasskalte Wetter tat das Übrige. Auf der Höhe der Keferloherstraße stoppte die Tram plötzlich. Auch jetzt reagierte noch niemand, ging man doch davon aus, dass es einen gewohnten kurzen Plauderstopp gebe. Als die Fahrt allerdings nach mehreren Minuten nicht weiterging, forderten die ersten Fahrgäste den Fahrer unwirsch auf, die Fahrt endlich fortzusetzen. Da keine Reaktion kam, trat ein Fahrgast, trotz des Verbots mit dem Fahrer zu sprechen, auf diesen zu und war bass erstaunt zu sehen, dass dieser die Augen geschlossen hatte. Es stellte sich heraus, dass er diese nie wieder öffnen sollte.

Wie lange er schon tot war, konnte man nicht mehr feststellen. Auch die Todesursache blieb ein Rätsel. Klar war allerdings, dass der Trambahnfahrer vom Hart seine letzte Fahrt nicht beendet hatte. Und dass er auch die Abschiedsfahrt der Linie 13 in den Norden am nächsten Tag nicht mehr miterleben würde. Sein letzter Wunsch blieb unerfüllt.

Die Tramtrasse wurde alsbald teilweise zu einem ansehnlichen Park umgestaltet. Nur an der Ecke zur Keferloherstraße verblieben als stumme Zeugen dieser Zeit die Wartebänke.

Wenn man sich dort an einem Novemberabend niederlässt, kann es sein, dass es einem kurz noch etwas kälter wird und man dann bei genauem Hinhören leise Tramgeräusche, eine helle Tramglocke und vielleicht sogar etwas fröhlichen Gesang vernimmt.

Wie die Kastanien in die Biergärten kamen
oder
warum in München Eichhörnchen Glück bringen

Zuweilen hört man in München einen Passanten sagen „Oh – ein Eichhörnchen! Dann kann der Tag doch nur gut werden." Als Ortsfremder ist man über diese Aussage möglicherweise überrascht, sind Eichhörnchen zweifelsohne schön anzuschauen, aber warum sollten diese nervösen Nagetiere einen Tag ins Positive wenden?

Man ist wenig überrascht zu hören, dass dieser Brauch eng mit der Entwicklung der Biergärten zu tun hat – und Glück und Bier gehören in München eben zusammen. So wie Kastanien und Biergärten. Die stattlichen Rosskastanien mit ihren ausufernden Ästen, die nicht nur den erhitzten Gemütern des Stammtischs im Biergarten Schatten spenden, sind aus den Münchner Biergärten nicht mehr wegzudenken. Dass diese prächtigen Flachwurzler überhaupt ihre Rolle in der beliebtesten bayerischen Gartenform gefunden haben, ist eher einem Zufall geschuldet, an dem die Eichhörnchen einen nicht unwesentlichen Anteil hatten.

Ebenfalls wenig bekannt ist, dass die Münchner Innenstadt einmal von Gärten, Parks und Alleen geprägt war. Der Baumeister der Michaelskirche hielt sich mitten in der Stadt sogar eine Kuh und eine Ziege und König Max I. verpflichtete die Münchner Bürger Obstbäume zu pflanzen. Ganze Alleen von Birnbäumen, Apfelbäumen und Kirschbäumen prägten die Stadt. Wer heiraten wollte, musste einen Baum stiften. Zugroaste zwei, um die sie sich auch noch vier Jahre lang kümmern mussten.

Dies alles änderte sich aber ab der Mitte des 19. Jahrhunderts. Münchens Bevölkerung wuchs und Münchens Grün schrumpfte. Die rege Bautätigkeit und die aufkommende Urbanisierung vernichteten im innerstädtischen Raum allmählich den natürlichen Lebensraum vieler tierischer Stadtbewohner. Die Wildschweine fanden bald in den Töpfen der Münchner eine neue Heimat, das Rotwild zog sich im Hirschgarten in ein Reservat zurück oder übersprang die Mauer des Schlosspark Nymphenburg an einem der vielen „Ahas" und die Biber machten den Eisbach im Englischen Garten unsicher. Nur die Eichhörnchen weigerten sich, eher aus Überforderung als aus

Absicht, ihre angestammten Reviere zu verlassen. Denn eigentlich vertrug sich das hektische Wesen der Eichhörnchen mit dem neuen Zeitgeist der beginnenden Industrialisierung und Moderne. Dies traf allerdings nicht auf ihre veränderte Ernährung zu. Da nun immer weniger Nüsse, Bucheckern oder Eicheln zu finden waren, dafür umso mehr Überbleibsel menschlicher Leckereien, sah man jetzt, wie sich häufiger Vertreter dieser Gattung an den öffentlichen Mülleimern bedienten und in Zuge dessen bald fett wurden. Manche Eichhörner, von „chen" konnte bei deren Umfang nicht mehr die Rede sein, mussten gar von Tierschützern der ersten Stunde auf den Baum zurückgehoben werden, was allerdings eher kontraproduktiv war. Zwar starb es nun nicht mehr an Überfettung, doch stürzten die meisten „Geretteten" beim Versuch, die Höhe der Bäume wieder zu verlassen, aufgrund der gewachsenen Körperfülle in den Tod. Nur die wenigstens Nager fasteten sich auf den sich unter ihrem Gewicht gefährlich gebogenen Ästen wieder auf Klettergewicht. Andere Tiere kamen unter die Räder des zunehmenden Verkehres – der Pferdekutschen und Pferdetramways.

Dies sollte auch fast das Ende der Eichhörnchen in München bedeuten. Denn als eines Tages ein Kutscher eines dieser fetten Hörnchen überfahren hatte, glücklicherweise starb es aufgrund des Übergewichts beim Fluchtversuch an einem Herzinfarkt, sodass es dem qualvollen Erquetschungstod quasi entkam, trat besagter Kutscher den Kadaver nicht gleich wie gewohnt in den Straßengraben, sondern schnappte sich sein Taschenmesser und schnitt kurzerhand den Schwanz ab. Dem Rest versetzte er einen beherzten Tritt, sodass das Knäuel zwischen zwei Bäumen des gegenüberliegenden Grünstreifens segelte. Dies wiederum beobachtete eine Gruppe englischer Touristen, die, geprägt von der britischen Begeisterung für Sport, spontan applaudierten, um dann anschließend selbst das Kunststück zu wiederholen versuchten. Keiner ahnte, dass dies der Beginn einer neuen Sportart war, was aber eine andere Geschichte ist.

Den Schweif befestigte unser Kutscher dann an der Peitschenhalterung am Bock. Als er kurz darauf am Stachus auf neue Fahrgäste wartete, erblickten die Kollegen den ungewöhnlichen Schmuck und wunderten sich. Der Kutscher war ein durchtriebener Bursche,

Enkel des legendären Franz Xaver Krenkls, der einst König Ludwig I. frech die königliche Vorfahrt nahm, und stets zu einem Schabernack bereit. Er behauptete dreist, dass so ein Eichhörnchenschweif am Bock Glück bringe.

Tja, und wer will das nicht. In kürzester Zeit hatten alle Kutscher in München solch einen Schweif an der Kutsche. Da nicht jeder die zweifelhafte Fortune hatte, ein Hörnchen zu überfahren, wohl aber bereit war mithilfe eines Obolus seinem Schicksal nachzuhelfen, verdienten bald gewiefte Straßenbuben ein gutes Zubrot mit der zugegebenermaßen nicht allzu schweren Jagd auf die Fetthörnchen. Und da dem Menschen das Maßhalten schwerfällt, gab es bald im ganzen Münchner Innenstadtgebiet keine Eichhörnchen mehr – fast!

Ein Refugium bot der heute alte, damals neue Botanische Garten in der Nähe des Stachus. Hier waren die Nager von Mauern geschützt und Futter gab es im Überfluss. Auch manche Leckerei, die ihnen zuvor unbekannt war, beispielsweise die Früchte von Münchens erster Rosskastanie – die Avocado der Eichhörnchen: fettreich, schmackhaft und aufgrund ihrer mäßig vorhandenen Giftstoffe auch latent anregend und stimulierend.

Doch auch an diesem Ort waren die Tiere auf Dauer nicht sicher. So sprach es sich schnell unter den Gassenbuben herum, wo die heiße Ware noch erhältlich war. Anfangs versuchten die Burschen nachts in den Garten einzudringen, allerdings war die Jagd im Stockfinsteren wenig ertragreich, da sie zugleich von den Wachhunden gejagt wurden. Manche investierten ihre vergangenen Gewinne in den Erwerb einer Eintrittskarte, um sich tagsüber Zugang zu verschaffen. Allerdings waren die normalgewichtigen und artgerecht ernährten Eichhörnchen deutlich mehr auf Zack und nicht wenige Knaben standen nach dem Besuch der Parkanlage mit nun wieder gänzlich leeren Taschen da. Die Gefahr für die Eichhörnchen blieb aber bestehen, denn der Schweif war aufgrund der wachsenden Fuhrparks der wohlhabenden Bürgerschicht stärker nachgefragt als zuvor, was den Preis und die Risikobereitschaft in die Höhe schnellen ließ.

Ein besonders tierlieber Gärtner des Botanischen Gartens hatte Mitleid mit den gebeutelten Tieren, entführte sie nach und nach und gewährte ihnen in seinem kleinen, mit hohen Hecken umfriedeten Hanggarten

Zuflucht, um sie dem Zugriff der großstädtischen Wilderei zu entziehen. Sein Heim befand sich am Nockherberg unterhalb des Isarhochufers. Dieses war aber zu dieser Zeit weder bewaldet noch begrünt, denn alle Bäume hatten in den neu angelegten Bierkellern als Stützen Verwendung gefunden. Übrig war nur ein kahler Hang übersäht mit Baumstümpfen und Gestrüpp.

Hier also waren Münchens letzte Eichhörnchen untergekommen. Es war aber aufgrund der oben beschriebenen Umstände schwer, die Tiere vor Ort artgerecht zu ernähren, daher schmuggelte der Gärtner allerlei Nüsse, Bucheckern und andere Baumfrüchte aus dem Botanischen Garten.

Eichhörnchen haben bekanntermaßen die Angewohnheit, für den Winter Vorräte anzulegen. Das Prinzip der Vollpension hatten sie trotz zunehmender Nahrungsfülle in der wachsenden Stadt und ihrem Wohlstandsmüll nicht verinnerlicht. Doch wo sollten sie die Vorräte vergraben? Auf der wüsten Fläche des Hochufers?

Jeder Schritt außerhalb des geschützten Gartens bedeutete, in die Hände der nun immer verzweifelter suchenden Gassenbuben zu geraten.

Eichhörnchen sind zudem bekannt dafür, Risiken einzugehen – ob bewusst oder unbewusst, ist in der Verhaltensforschung noch umstritten. Und wer wagt, der gewinnt. Und so gelangten ein paar der Mutigsten über die viel befahrene Straße „Am Nockherberg" auf das Gelände der benachbarten Brauerei des „Zacherl-Kellers", welche ebenfalls einen Garten, der durch eine Mauer geschützt war, hatte. Die Brauer frönten nicht dem Brauch des Schweifaufhängens, sondern erfreuten sich vielmehr an den putzigen Tierchen, die man mittlerweile so selten zu Gesicht bekam. Hier fanden die Eichhörnchen zahlreiche Gelegenheiten, ihre Vorräte zu verstecken. Da der Platz allerdings bald eng wurde, wichen die Nager auf den angrenzenden Hang aus, auf dem sich noch zahlreiche Baumstümpfe befanden, an deren Wurzeln sie die Nüsse, Bucheckern und eben auch Kastanien vergruben.

Dies alles wäre nicht weiter erwähnenswert, wenn sich nicht im Laufe der Jahre der Brauch eingebürgert hätte, dass die Brauereien ihr Bier direkt vom Keller aus verkauft hätten. Dazu musste man aber sein eigenes Gefäß, meist einen schweren Tonkrug mit Deckel und dem Fassungsvermögen von etwas mehr als einem Liter, mitbringen. Manch Münchner musste sich nach dem anstrengenden Anstieg auf dem Berg erstmal mit einem Bier belohnen, bevor er sich ein zweites zur Stärkung für den Heimweg genehmigte, um schließlich das eine Bier, für welches er gekommen war, wankend nach Hause zu tragen. Die Brauereien boten den Gästen eine Sitzgelegenheit für die zwei hart erarbeiteten Wegbiere an, in der Hoffnung, dass es noch mehr würden. Jede Brauerei hatte diesen Service, doch am beliebtesten war der Ausschank des „Zacherl-Kellers", da dieser so schön von Kastanien, die über die Jahrzehnte gewachsen waren, beschattet war. Das Pech einiger Eichhörnchen, die ihre Wintervorräte nicht mehr gefunden hatten, wurde so zum Glück jener Brauerei, die durch die Schatten spendenden Bäume einen höheren Umsatz als die anderen erzielten.

Ein erfolgreiches Geschäftsmodell wird jedoch schnell kopiert, sodass nun bald alle Freiflächen mit Bierausschank mit Kastanien bepflanzt werden sollten. Manche Brauerei entdeckte dabei, dass auf ihrem Gelände bereits junge Kastanien sprossen, der vergessene Wintervorrat weiterer Eichhörnchen. So etablierte sich unter den Wirten bald der Glaube, dass es Glück bringe, ein Eichhörnchen zu sehen, denn möglicherweise hatte es seine Vorräte verschludert und damit den Grundstein, pardon Grundbaum, für einen neuen Biergarten gelegt. Kastanien – der Beginn eines neuen Biergartens! Und was bringt in München mehr Glück und Glückseligkeit als ein Biergarten? Richtig, nix!

Die Idee des Schweifs an der Kutsche verlor dadurch rapide an Ansehen. Allerdings bekam das nicht jeder mit. Es gibt Gerüchte, dass Sommerfrischler aus dem Ruhrpott die Idee mit nach Hause nahmen. Ein Kutscher am Stachus erzählte ihnen aber, dass es Fuchsschwanz sei, der da am Bock hinge. Das bringe Glück!

Der Löwenturm

Heinrich der Löwe war nicht nur ein begeisterter Brückenbauer, der Münchens erste relevante Isarbrücke zu verantworten hatte, nein, er war auch recht flexibel bei der Veränderung seines Beziehungsstatus. War doch die Ehe mit Clementia von Zähringen nicht vom erhofften Erfolg gekrönt gewesen – auf einen männlichen Thronfolger wartete er immer noch vergebens. So überzeugte er nach 15 Ehejahren alle und vor allen Dingen sich selbst, dass die Auflösung dieser Ehe nur sinnvoll wäre.

Zurück blieben offiziell zwei Töchter, wovon die Jüngste später noch Königin von Dänemark werden sollte. Die älteste Tochter starb kurz nach ihrer Verlobung.

Aus der Ehe mit Clementia von Zähringen ging aber noch eine dritte, in den Quellen unerwähnte und daher allen Historikern unbekannte Tochter hervor. Sie kam nach der Scheidung zur Welt und taucht aus diesem Grunde in keiner Chronik auf.

Es war ein wunderhübsches Mädchen, das ihrem Vater wie aus dem Gesicht geschnitten war. Dies sollte ihr zum Verhängnis werden, denn Heinrich beschloss, seine jüngste Tochter von der Welt fern zu halten. Sie durfte die Residenz nicht verlassen, um kein Gerede zu erzeugen. Dies ließ das Mädchen ganz trübsinnig werden, liebte es doch den Anblick der wilden, fernen Berge bei Föhn, den eleganten Flug der Schwalben über den Dächern der Stadt und den Wind in ihren Haaren.

Da das Kind in den dunklen Gemächern zu Grunde gehen drohte, entschied Heinrich, der sich von ihrer Traurigkeit erbarmen ließ, dass sie wenigstens einen Blick in die Ferne gewährt bekommen sollte, unter der Voraussetzung, dass sie keine Menschenseele zu Gesicht bekäme. Er ließ am damaligen Stadtrand einen hohen Turm bauen, höher als jeder Wachturm der Stadtmauer – offiziell hieß es, dass es ein Wasserturm für die Stadtgärten sei, aber der Löwenturm, wie er heute noch heißt, war nur als Refugium für seine Tochter gedacht. Die strenge Bewachung der Eingangstüre durch die Wächter Heinrichs mit seinem Wappen auf der Brust brachten ihm den Namen „Löwenturm" ein.

Heinrichs Tochter war überglücklich über das gewährte kleine Stück Freiheit. Sie schlich sich sodann jeden Tag im Morgengrauen von der Residenz zum Turm, verbrachte Stunden über Stunden auf der Zinne, die so hoch war, dass sie keiner sehen konnte, und begab sich im Schutze der Dunkelheit wieder in ihren Goldenen Käfig.

Aber das Schicksal oder vielleicht war es auch der Teufel, der damals in München noch allerhand Schindluder trieb, wollte nicht, dass die verheimlichte Prinzessin dieses eigentlich recht bescheidene Glück genießen konnte.

In der direkten Nachbarschaft des Löwenturms war der Rindermarkt, auf dem sich ein junger Bursche als Hirte und Stallknecht sein Leben verdingte. Dieser verlor eines Abends nach einem kleinen Zechgelage den Schlüssel zum Tor seines Herrn. Um den ihm drohenden Ärger abzuwenden, machte er sich sogleich wieder auf den Weg in die Stadt. Das Morgengrauen war noch weit. An der Tränke am Rindermarkt, wo der junge Hirte zuvor noch versucht hatte, am kühlen Nass seinen Rausch zu mindern, wollte er den verlorenen Schlüssel suchen. Sein Vorhaben war jedoch wenig erfolgversprechend, denn Wolken hatten den Mond bedeckt und der Sonnenaufgang ließ auch noch auf sich warten.

Da entdeckte er am Rand des Rindermarkts eine Gestalt, die in einen purpurnen Mantel gehüllt und mit einer Lampe in der Hand Richtung Löwenturm eilte. Zunächst dachte er, dass dies der Nachtwächter auf seiner letzten Runde durch die Gassen sei, obwohl dies ein wohl recht zierlicher Nachtwächter wäre. Aber dessen Lampe war die letzte Hoffnung unseres Burschen, um einer gehörigen Tracht Prügel zu entgehen. Flotten Schrittes näherte er sich dem vermeintlichen Wächter, um ihn um seine Hilfe zu bitten. Dieser war bereits am Löwenturm angekommen und klopfte zart an dessen Tür, als der Hirte ihn von hinten an die Schulter fasste. Voller Schreck drehte sich die ertappte Prinzessin um und blickte dem Burschen direkt in die Augen. Um den Jungen war es da geschehen, noch nie hatte er ein so anmutiges Antlitz erblickt.

In diesem Moment knarzte die Türe des Turms und ein schwerbewaffneter Wächter Heinrichs des Löwen erschien. Der Hirte torkelte vor Schreck zurück, während das Mädchen zwischen dem Wärter und dem Türstock hindurchschlüpfte. Mit drohenden Fäusten verscheuchte der Soldat den Burschen, der nun keinen Gedanken mehr auf den Schlüssel verwendete. Immer noch verzaubert, setzte er sich an den Rand der Tränke und blickte gebannt auf den Turm und dessen Tür, stets in der Hoffnung, dass er noch einmal das wundervolle Wesen erblicken könnte. Träumend wartete er, während der Tag verstrich – es war vergebens.

Es war schon spät nachts, er war durchgefroren, hungrig und durstig, als er sich schließlich auf den Heimweg machte. Zuhause erwartete ihn nichts Gutes – der fehlende Schlüssel war zwar aufgetaucht, doch weil er diesen verloren und den ganzen Tag selbst nicht aufgetaucht war, jagte ihn sein Herr mit einem festen Tritt aus dem Dienst.

Der Hirte wusste nicht, wohin, und so entschied er sich, zum Löwenturm zurückzugehen und zu warten. Es saß dort für Tage, man sagt Wochen, wenn nicht sogar länger. Er saß tags wie nachts, bei Sonne, Regen und sogar Schnee. Es kamen Menschen aus der ganzen Stadt, nur um ihn zu sehen, wie er wartete und den Löwenturm anstarrte. Man gab ihm Brot und etwas Wein, damit er nicht ganz so schwach würde. Doch das Mädchen sah er nie wieder. Seit jener Nacht tauchte es nicht wieder auf.

Als Heinrich nämlich von dieser unglücklichen Begegnung erfuhr, ließ er seine Tochter sofort aus München fortbringen. In der Nähe von B. soll sie hinter Klostermauern ihr restliches Leben verbracht haben.

Wie der Dackel beinahe
das Wappentier Münchens wurde

Als 1158 Heinrich der Löwe die Brücke bei Feringa (Oberföhring) im Erzbistum Freising niederreißen ließ, um den begehrten Salzhandel über seine neu gebaute Brücke in München zu lenken, wehrte sich bekanntermaßen der betroffene Bischof von Freising Otto I., der bis dahin gut von den Zolleinnahmen gelebt hatte. Er legte alsobald Beschwerde bei Kaiser Friedrich Barbarossa ein.

Aber weniger bekannt ist, dass der Geistliche auch versucht hat, mit unlauteren Mitteln die neue Brücke an der Isar zu beseitigen. Und das verlief folgendermaßen:

Erzbischof Otto wies seine Jäger und Fischer an, so viele Ratten und Wühlmäuse wie möglich einzufangen und diese bei einer Nacht- und Nebelaktion direkt an der neugeschaffenen Brücke auszusetzten. Denn selbst sabotieren konnten sie die Brücke nicht, da Heinrich wohlweislich Tag und Nacht Wachen hatte aufstellen lassen. Doch die Ratten und Wühlmäuse gingen rasch ans Werk. Das frische Holz schmeckte vorzüglich und die frisch aufgeworfene Erde war noch voller Würmer und leicht zu untergraben. Bald merkten die Brückenwärter, dass ihr neuer Bau bereits nach kürzester Zeit marode geworden war. Das Fundament war löchrig wie ein Schweizer Käse. Jedes Loch, das sie tagsüber stopften, war am nächsten Morgen wieder da und meist doppelt so tief. Schon bald bestand die Gefahr, dass die Brücke nicht mehr passierbar wäre. Und ohne Überquerung kein Handel, ohne Handel kein Zoll, ohne Zoll kein Geld.

Zunächst wollte man der Plage mit Katzen Herr werden, doch die scheuten das kalte und wilde Isarwasser. Das ausgelegte Gift verschmähten die Plagegeister und für jede erschlagene Ratte kamen zwei nach.

Man war schon kurz davor aufzugeben, als zufälligerweise ein Forstmann aus Harlaching mit seinem Dackel des Weges kam, um in der Stadt Amtsgeschäften nachzugehen. Der Grünberockte setzte sich, bevor er sich in die Mühlen der Verwaltung begeben wollte, ans Isarufer just neben die neue Brücke, um eine kleine Rast zu machen, da entwischte ihm sein sonst so treuer Freund. Wie ein Pfeil verschwand der Dackel in der Uferböschung in Richtung Brückenfundament. Bald hörte der Waidmann seinen Vierbeiner wild kläffen und keifen. Halb war dieser in einem der vielen Löcher unterhalb des ersten Brückenpfeilers verschwunden, nur das Hinterteil und der aufgeregt wedelnde Schwanz waren zu erkennen. Plötzlich verstummte das Tier, hielt kurz inne und befreite sich schließlich aus dem Erdloch – nicht aber, ohne mit Stolz seine Beute, eine prächtige Wühlmaus, zu präsentieren. Die Wächter auf der Brücke hatten, angelockt durch das wilde Gebell, das Spektakel beobachtet und liefen nun aufgeregt zum Forstmann. Dieser stimmte nach anfänglichem Zögern zu, mit seinem Hund eine weitere Nacht in München zu verweilen. Als er aber erfuhr, dass der Stadtherr für seine Kosten aufkommen und beim Königlichen Verwaltungsrat, dem KVR, sein Anliegen bevorzugt behandelt werden würde, war er zutiefst geehrt, aber auch verwundert, hatte er doch nur seinen Hund für ein paar Momente nicht unter Kontrolle gehabt. Am nächsten Tag wiederholte sich die Prozedur. Diesmal gelang es dem Dackel sogar, zwei von den Plagegeistern zu erlegen. Heinrich der Löwe ließ alsbald im ganzen Land proklamieren, dass alle Dackel nach München gebracht werden müssten, um die Isarbrücke zu schützen. Im ansässigen Kloster wurde sogar auf Order des Herrschers eine Dackelzucht eingerichtet, verbunden mit einer großzügigen Stiftung für die Ordensbrüder. Eine wendige, schwarz glänzende Rasse wurde dort schon bald gezüchtet, die nicht nur bei den Brückenwärtern zum Einsatz kam, sondern auch die hohen Ratsherren fanden Gefallen an den sogenannten Dachshunden aus der klösterlichen Zucht – und bald darauf die gesamte Münchner Bürgerschaft.

Die Plage war so in kurzer Zeit beseitigt und die Überquerung der Isar wieder gesichert. Auch hatte sich Heinrich zwischenzeitlich unter Vermittlung seines Vetters Barbarossa mit seinem Onkel, dem Bischof von Freising, versöhnt. Die Gewinne des Salzhandels wurden aufgeteilt und die Brücke blieb in München. Mit ihr wuchs der bis dahin doch recht beschauliche Ort zu Ansehen und Wohlstand. Die Bewohner der Stadt haben nie vergessen, wem sie dieses Glück zu verdanken haben, und verehren bis heute, nein nicht Heinrich den Löwen, sondern den Dackel. Man sagt, dass man einst einen solchen Hund im Wappen der Stadt tragen wollte. Doch weil das Wappen hochkant stehen sollte, der Dackel aber flach am Boden geht, blieb vom Mönch mit Hund nur das Münchner Kindl übrig. Die Liebe der Münchner zu ihren Waldis ist aber geblieben – wie spätestens die Olympischen Spiele von 1972 bewiesen haben, bei denen der Dackel das Maskottchen war.

Rund ums Bier

Die Erfindung des Bierdeckels

Der Name Bierdeckel für die in vielen bayerischen Wirtshäusern ausliegenden bunt bedruckten Pappscheiben führt in die Irre, denn kein vernünftiger Biertrinker würde sich freiwillig einen solchen auf sein frisch gezapftes Bier legen. Wer weiß schon, welcher Rotzlöffel zuvor mit seinen mit Schokoeis verbappten Händen damit Kartenhäuser zu bauen versucht hat. Zumal es für den Bierkrug ansprechende und hygienische Deckel aus Zinn gibt. Im Bairischen heißen die runden Untersetzer Bierfilzl, was viel besser passt. Woher aber stammt dieses ungewöhnliche Utensil der bayerischen Wirtshauskultur und warum heißt ein Untersetzer Deckel?

Man muss weit zurückgehen in der Geschichte, zurück in die Zeit, als das Voralpenland noch nicht zur Lieblingsreiseregion Deutschlands erkoren worden war, in die Zeit, als die hiesigen Bewohner noch gemütlich unter sich waren.

Da es damals kaum Fremde oder Durchreisende gab, man selbst verließ das eigene Dorf nur mit Widerwillen und so kurz wie möglich, hatte jeder nicht nur ein festes Wirtshaus, das er besuchte, sondern darin auch einen festen Platz, den ihm keiner streitig machte. An diesem Platz wurde mit dem mitgeführten hornbesetzten Hirschfänger die Anzahl der bereits konsumierten Biere in den Tisch geschnitzt. Das hatte für den Wirt den Vorteil, dass er seinem treuen Gast nicht jedes Mal eine Rechnung ausstellen musste und der Gast so den Überblick über seine Trinkleistung behielt. Wenn die Zeche dann bezahlt worden war, wurden die Kerben weggehobelt. Es ist überflüssig zu betonen, dass Tischler in Altbayern ein lukrativer Geschäftszweig war.

Mit dem aufkommenden Tourismus änderte sich dies. Die Sommerfrischler erdreisteten sich nicht nur, in den von den Einheimischen bis dahin eher links liegen gelassenen Alpen herumzukraxeln, sondern kehrten nach erfolgreichem Gipfelsturm in deren urigen Wirtshäusern ein. Hier setzten sie sich auf irgendwelche ihnen genehmen Plätze, trugen aber keine Hirschfänger bei sich, sodass der Wirt seine liebe Not hatte, den Überblick über die Zeche zu behalten. Kaum hatte er die Rechnung eingeritzt, schallte es bereits „Zahlen, bitte" durch den Raum und er musste mit dem Portemonnaie und dem Hobel bewaffnet zum nächsten

Tisch eilen. Die Nordlichter lobten das Essen, klagten aber über die unebenen Tischplatten, auf denen ihr Seltersglas umzukippen drohte. Die bajuwarische Stammkundschaft war hingegen verärgert, dass die gewohnten Plätze von Unbekannten besetzt waren, sie sich deshalb umorientieren musste und daraufhin vor Kerben saß, die nicht ihr gehörte. Der Tourismus machte auch damals nur wenige glücklich.

Ein Wirt zwischen Bad Tölz und Schliersee hatte dann im Winter beim Feuerholz machen die bahnbrechende Idee, als ein Stamm von circa 10 cm Durchmesser auf seinem Bock lag. Er schnitt eine zentimeterdicke Scheibe ab und hatte das Problem gelöst.

Nun erhielt jeder Gast zu seinem Getränk eine runde Scheibe, auf die die Anzahl der Getränke eingeschnitzt wurde. Hier rührt der Ausspruch „eine Runde schmeißen" her: Man warf seine Holzscheibe dem Wirt zu, wenn man alle im Wirtshaus einladen wollte, damit dieser die Zeche ringsherum einkerben konnte. Die Tischler verlegten sich kurzerhand vom Tischbau auf die Produktion der Bierscheiben.

Wiederum waren es die Touristen, die mit der Neuerung nicht zurechtkamen. Statt sich ihre Zeche unterm Getränk auf der Holzschindel einmerken zu lassen, legten sie die Scheiben fälschlicherweise auf die Gläser, im irrigen Glauben, dass so die Maß länger frisch bliebe – der Bierdeckel war geboren. Denn so nannten die Sommerfrischler aus dem Norden die kuriosen Holzscheiben.

Das Aus für die hölzerne Quittung kam mit den Reformen Montgelas im 19. Jahrhundert, da man nur mit einer ordentlichen Buchführung seine Schanklizenz behalten durfte und hierfür waren Stift und Papier zweckmäßiger als Holzschindel und Hirschfänger – der Bierdeckel war tot.

Die Wirtsfrauen hatten aber schnell erkannt, dass die Bierdeckel die neu angeschafften Tische schonten und der Gemütlichkeit der Wirtshäuser zuträglich waren. Da nun keiner mehr hölzerne Bieruntersetzer benötigte und folglich auch keine mehr produziert wurden, wurden in Heimarbeit die ersten Bierfilzl aus Filz hergestellt, welches später durch Pappe ersetzt wurde. Schließlich avancierten die Pappscheiben bald zu bunten und billigen Werbeträgern für die Brauereien.

In manchen sehr traditionsbewussten Gasthäusern und Boazn hat sich aber die Tradition des Einkerbens gehalten. Mit Kugelschreiber wird dem Gast auf dem Pappdeckel vor Augen geführt, was er getrunken hat. Und dies hat urkundlichen Charakter, wie es jeder Student der Jurisprudenz aus der Strafrechtsvorlesung kennt.

Das Abstellen nach dem Prosten

Es muss zu Beginn des Revolutionsjahres 1848 gewesen sein – in vielen deutschen Staaten kam es zu Aufständen gegen die monarchischen Herrscher, als König Ludwig I. sichergehen wollte, dass es keine demokratischen Umtriebe in seinem schönen bayerischen Königreich gibt. Er war ein gebranntes Kind. Hatte doch seine Bierpreiserhöhung um einen Pfenning anno 1844 zu einer regelrechten Revolte in München geführt, sodass er die Steuer umgehend wieder senken musste. Seitdem traute er seinen Untertanen alles zu. Darum wies er seinen Sekretarius an, sich heimlich unters Volk zu mischen und in den Wirtshäusern zu spionieren, ob denn akut Gefahr drohe.

Der pflichtbewusste Sekretär machte sich widerwillig auf zur Kleiderkammer des Residenztheaters, um sich im Fundus standesgemäß zu verkleiden.

Daraufhin begab er sich in die Stadt in das größte und beliebteste Wirtshaus. Hier war bereits ein munteres Treiben zu beobachten und dem adeligen Schreiberling fiel es nicht schwer, Anschluss an einem großen Tisch mit Handwerkern, Fuhrmännern und Soldaten zu finden.

Er mühte sich sehr, nicht aufzufallen, kopierte schnell die Gestik und Mimik seiner Tischgenossen und ließ sich, damit kein Verdacht aufkäme, auch eine hanebüchene Geschichte über seine Herkunft einfallen. So sei er ein Handelsreisender aus Baden, was auch den leichten französischen Singsang in seinem Deutsch erklären sollte, und er habe schon Revolten im Südwesten beobachten können. Darauf gingen die Anwesenden nicht ein, wie sie stets, wenn er auf die Politik zu sprechen kam, zu ihren Krügen griffen und mit einem schallenden „Hoch unser König Ludwig" prosteten. Das gemeine Volk mochte einfach leben und lieben, aber einfältig war es nicht. Ein Stallknecht des Hofes hatte schon beim Eintreten des Sekretärs ins Wirtshaus jenen erkannt und ringsherum alle gewarnt. Nun machte man sich einen Spaß daraus, ihn zu triezen. Das Prosten war dabei das Mittel der Wahl.

Denn es bereitete dem Höfling sichtlich Probleme, den vollen Krug mit einem ausgestreckten Arm zu stemmen. War er doch sonst nur Sektflöten und Champagnerkelche gewohnt. Um seine Schwäche zu kaschieren, umfasste er den Humpen mit der ganzen Hand. Das wurde ihm zum Verhängnis, denn seine Trinkkumpanen hielten die Krüge am Henkel und ließen sie schwungvoll aneinander krachen, bis die feinen Finger des Schreiberlings knirschten. Etliche Hochs und Heils auf den König später waren die Finger des Spions grün und blau. Erfahren hatte er darüber hinaus nichts. Unverrichteter Dinge schleppte er sich mit einem sauberen Rausch zurück zum Hof.

Am nächsten Tag hatte der Sekretarius nicht nur schmerzende Hände, einen deftigen Kater, nein, er war zudem noch das Gespött des ganzen Hofes ob seiner blaugrünen Fingernägel. Ob das denn die neueste Mode in Versailles sei?

Er sann auf Rache und er fand sie, als er beim König Rapport geben musste. Der Berater berichtete dem Monarchen von der unklaren Lage in der Mitte der Gesellschaft und von der Schwierigkeit, potenzielle Revolutionäre schnell und effektiv auszumachen. König Ludwig war wenig erfreut dies zu hören, hatte er doch auf eindeutige Ergebnisse gehofft, um sich nicht weiter damit, sondern mit seiner hofeigenen Philosophin Lola Montez im Diskurs beschäftigen zu können.

Er grübelte geistesabwesend, als der Sekretär einen einfachen, aber bestechenden Vorschlag machte. Schon am nächsten Tag wurde dieser im ganzen Königreich per Proklamation verkündet: Ein jeder habe sein Getränk nach dem Zuprosten abzustellen, Gott für seine Durchlaucht zu danken, um anschließend erst einen Schluck zu nehmen.

Auf diese Weise wollte der Sekretär zum einen natürlich seine Finger schonen, zum anderen aber erkennen können, wer eine revolutionäre Haltung hatte. Viel gebracht hatte es nichts, wie der Verlauf der Geschichte zeigt, dafür hatte Bayern einen neuen Brauch, der bis heute gepflegt wird – ein letzter Rest des königlichen Bayerns.

Das Septemberfest auf der Theresienwiese
Dem aufmerksamen Besucher des weltberühmten Oktoberfests in München fällt auf, dass der Großteil des Festes nicht im Monat Oktober, sondern im Septem-

ber stattfindet. Warum aber trägt das Fest dann nicht den Namen des Septembers?

Fachleute verweisen dann immer auf den Ursprung des Volksfestes, der Hochzeit des Kronprinzen mit seiner Therese, welche am 12. Oktober 1810 stattfand. Dass man später, als man das Fest wiederholte, in den September auswich, habe witterungsbedingte Gründe. Denn der Oktober sei in Bayern gar nicht so golden, was eine dreiste Behauptung ist, in einem Landstrich, in dem der Himmel immer nur weiß und blau strahlt.

Der wahre Grund hat natürlich mit dem schnöden Mammon zu tun. Als man in den Anfangsjahren des Oktoberfests dieses tatsächlich ausschließlich im Oktober feierte, war es deutlich kürzer und die Wirte hatten das Problem, dass sie alle Einnahmen versteuern mussten und ihnen auf diese Weise kaum etwas zum Leben blieb. Dies machte das Betreiben eines großen Zelts auf der Wiesn so unattraktiv, dass man alsobald keine Wirte mehr fand, die dieses finanzielle Risiko tragen wollten. Den großen Reibach machten stets die Schausteller mit ihren Hexenschaukeln, Flohzirkussen und Krinolinen.

Die Gastronomen sahen sich von den Verantwortlichen im Stich gelassen. Dabei ist es doch schon seit jeher bekannt, dass die Wiesnwirte die Zelte mehr aus Großherzigkeit und Nächstenliebe, als aus Gewinnsucht betreiben und sich nur aufgrund der soliden Einnahmen aus ihren Stammhäusern das Abenteuer Wiesn überhaupt leisten können. Sie versuchten immer wieder mit allerhand Maßnahmen, ihren wirtschaftlichen Ruin zu verhindern. Beispielsweise reduzierten sie die Füllhöhe der Maß, damit vom aus ihrer Sicht eh viel zu niedrig angesetzten Bierpreis wenigstens ein Pfennig hängen blieb, aber dann wurden aus ästhetischen Gründen die Steinkrüge durch Glaskrüge ausgetauscht, was dieser Praxis ein Ende machte. In einem anderen Fall gelang es einem Wirt, aus einem Hendl sogar drei Hälften herauszuholen, was jedoch leider auf Grund der bäuerlichen Vorbildung zahlreicher Wiesngäste auf Dauer kein zukunftsfähiges Modell war.

Also kurz gesagt, die Festzeltbetreiber waren am Limit, das weltgrößte Volksfest war in seinem Fortbestand bedroht. Aus der Not kamen sie auf die rettende Idee: die Verschiebung des Festes in den September.

Es war nämlich mit dem Fiskus festgelegt worden, dass sie alle Gewinne auf dem Oktoberfest, die im Oktober erwirtschaftet worden waren, gänzlich versteuern mussten. Die Festzelte waren jedoch, wenn auch in einem kleineren Maßstab, während der Aufbauphase vor dem offiziellen Beginn geöffnet, damit die Handwerker und die Schausteller sich verköstigen konnten. Diese Gewinne waren steuerfrei. Zunächst öffnete man die Zelte auch für die Beschäftigten der umliegenden Betriebe, dann begann man Richtfeste für jedes einzelne Zelt zu feiern. Diese Feiern waren sehr beliebt und zogen zahlreiche Gäste an. So beschloss man, um den Besucherstrom zu kanalisieren, die Richtfeste zu versetzten Terminen abzuhalten. Jeder Wirt konnte aber, wenn ein anderes Zelt gerade Richtfest feierte, eine Solidaritätsfeier abhalten. All das fand natürlich vor dem offiziellen Beginn des Oktoberfests im September statt und war somit steuerfrei, sodass die Wirte wenigstens einen minimalen Gewinn erwirtschaften konnten. Leben konnten sie davon aber noch lange nicht. Dies änderte sich erst, als man darauf kam, dass man die Kutscher, welche die Fässer der Brauereien auf die Theresienwiese lieferten, ebenfalls kulinarisch versorgen könnte. Aber was wäre ein zünftiges Mittagsmahl ohne Musik. Nichts war den Wirten zu teuer, um ihre Wertschätzung gegenüber den Fuhrleuten Ausdruck zu verleihen, und so wurden kurzerhand Blaskapellen engagiert, die die Biertransporte höchst feierlich begrüßten. Und auch diese Musikanten konnten sich, natürlich gegen ein kleines Entgelt, verpflegen lassen. Die Musik lockte allerdings auch weitere Interessierte an, die einer frischen Mass und einem halben Hendl nicht abgeneigt waren. Die Wirte sahen sich gezwungen, hier in die Bresche zu springen und notgedrungen die Versorgung zu übernehmen. Ehe man es sich versah, waren die Festlichkeiten vor dem Oktoberfest deutlich länger als die eigentliche Wiesn und die daraus erzielten Gewinne waren steuerfrei. Auch wenn der Stadtkämmerer Münchens zahlreiche Tränen wegen der verpassten Einnahmen weinte, so hüpfte das Herz des Oberbürgermeisters. Das Fest war gerettet. Er höchstpersönlich trug dazu bei, als er den darbenden Wirten bei der Senkung der Personalkosten half und anbot, am ersten Tag der Vorbereitungsfeierlichkeiten ehrenamtlich den Fassanstich zu übernehmen.

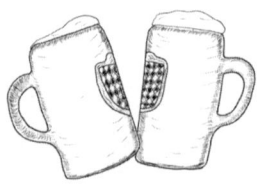

Der gierige Mönch oder das erste Derblecken

Während der Herrgott dem Menschen durchaus kleinere Fehltritte verzeiht und sich sogar an manch Schelmerei ergötzt, da sie zeigt, dass seine Schöpfung gewitzt ist, sieht er es äußerst ungern, wenn man schwere Sünden begeht, vor allen Dingen, wenn man ein Mann des Glaubens ist.

In München findet man solch ein Mahnmal wider des sündhaften Lebens. Versteckt hinter Büschen lugt über dem Eingang eines alten Bierkellers am Fuße des Nockherbergs ein Mönch aus der Mauer hervor, dessen Gesicht ein schelmisches, vielleicht sogar boshaftes Lachen zeigt, als wäre er mitten in der Bewegung erstarrt. Dieser Eindruck täuscht mitnichten, denn kurz nachdem jener Bruder seine letzte Missetat begannen hatte, wurde er versteinert. Zuvor aber hatte sein Lebenswandel zum ersten Derblecken am Nockherberg geführt.

Besagter Mönch trat einst als Novize Leonardo in das Paulaner Kloster Neudeck am Nockherberg ein, da er als arbeitsscheuer, aber hochmütiger zweitgeborener Sohn einer verarmten Landadelsfamilie ein sicheres

Auskommen haben sollte, was damals durchaus nicht unüblich war.

Um ihm eine Lektion in Demut zu erteilen, wurde Leonardo in die Klosterbibliothek zum Staubwischen und Bodenkehren abgeordnet. Dort zeigte er jedoch schnell sein Talent, der Arbeit auszuweichen, indem er es sich in den dunklen Ecken auf alten Wälzern gemütlich machte und Gott einen guten Mann sein ließ. Bei diesen Fluchten vor dem Dienst entdeckte der Novize eines Tages eine mit einem Eisengitter versperrte Nische, hinter der sich weitere Bücher befanden. Diese weckten seine Neugier. Waren sie wert, weggeschlossen zu werden, waren sie möglicherweise wert, geholt zu werden.

Als der alte Mönch, der ihn und die Bibliothek beaufsichtigte, kurz darauf wegen einer Besprechung seinen Schreibtisch verlassen musste, ergriff der sonst so faule Frater die Chance und den auf dem Sekretär liegenden Schlüsselbund und machte sich an der Gittertür zu schaffen. Im Schein einer flackernden Kerze erkannte er, dass viele Werke Titel in unbekannter Sprache trugen oder mit fremden Zeichen und Symbolen verziert waren. Inmitten des Raums stand ein Tisch, auf dem ein dicker, in Leder eingebundener Wälzer lag. Im Deckel waren in roter Schrift lateinische Worte eingelassen. Nun ärgerte sich unser Mönch, dass er einst den Latein-unterricht so oft geschwänzt und den Spruch seines Magisters, dass er fürs Leben lerne, nicht für die Schule, nicht ernst genommen hatte.

Mühevoll übersetzte Leonardo: Register der ver-botenen Bücher. Kaum hatte er das verstanden, hörte er von Fern bereits die Schritte des Alten. Geschwind griff er nach dem nächstbesten Buch, verriegelte das Gitter und platzierte den Schlüsselbund just in dem Moment auf dem Schreibpult, als der greise Bruder die letzte Biege der Stiege herumkam.

Das Buch ließ er unter seiner Kutte verschwinden, um es später in Augenschein zu nehmen. Wie groß war allerdings die Enttäuschung. Von all den ketzerischen Schriften hatte er ausgerechnet ein Kochbuch erwischt. Wutentbrannt wollte der faule Frater es in die Ecke pfeffern, als er den verkehrten Drudenfuß mit Ziegen-kopf auf dem Einband gewahr wurde. Ein Kochbuch mit teuflisch guten Gerichten? Die Lektüre war nur bedingt interessant. Mehr aus Frust als aus Lust blätterte er oberflächlich durch das Werk, stieß hin und wieder einen Seufzer aus, als er besonders absurde Rezepte fand, beispielsweise für einen Trank aus Gemüse und Obst, giftgrün, welcher statt einer Mahlzeit getrunken der Gesundheit zuträglich sein sollte. An anderer Stelle wurde beschrieben, wie man ein Fleischpflanzerl vollkommen ohne Fleisch, dafür aus Erbsenmus und Rote Bete herstellen konnte und welches dann tatsächlich blutete, wenn man es anschnitt. Wahnwitzige Hexerei.

Seine Hoffnung, etwas Wertvolles zu ergattern und so dem kargen Mnöchsleben zu entfliehen, war für das Erste zerborsten. Allerdings sollte sich bald eine andere Gelegenheit dafür bieten:

In der Klosterbrauerei wurde ein Nachfolger für den obersten Braubruder gesucht. Das Amt war sehr beliebt, hatte man doch Zugang zum Bier und mit diesem zu den Kreisen des Hofes, die sich gerne einmal abends in der Braustube eine Kostprobe ausschenken ließen und sich dafür anderweitig erkenntlich zeigten. Hier sah unser Klosterbruder wider Willen eine Möglichkeit, in die Welt zu kommen, die ihm als verarmter Adelssprössling verschlossen geblieben war.

Unser Mönch war nicht der einzige Bewerber und so entschied der Braumeister, dass nach einer knapp bemessenen einjährigen Lehrzeit der Beste der drei

Jungbrauer ihm alsbald nachfolgen sollte. Ein Jahr Fleiß und Anstrengung schien für den faulen Frater eine Ewigkeit und so versuchte er mit allerlei Tricks und Täuschereien seinen Karrieresprung voranzutreiben. Vergebens, denn es blieb nicht verborgen, dass es ihm an brauerischem Talent fehlte.

Kurz vor Ende der Lehrzeit fürchtete er, bald schon wieder in die Bibliothek zum Kehren zurückkehren zu müssen, als ihm das einst entwendete Hexenkochbuch in den Sinn kam. Nervös blätterte der talentlose Braubruder durch die vergilbten Seiten und fand tatsächlich ein Rezept, das ihn retten könnte: Hierzu musste man ein Ritual bei Vollmond vollziehen, was grundsätzlich kein Problem darstellte. Allerdings benötigte man dazu eine besondere Zutat, die nicht jeder Haushalt bietet. Wenn man ein Bier brauen wollte, das besser schmeckte als jedes andere je verkostete Bier der Welt, dann musste ein Nagel vom Kreuz Jesu in das Fass gehalten werden. Nun würde man sagen, dass damit die Sache erledigt wäre.

Allerdings hatte unser gieriger Klosterbruder zweifelhaftes Glück, denn die bayerischen Herrscher verfügten seit dem 16. Jahrhundert über eine stattliche

Sammlung an Reliquien, die sich in der Residenz befand und für deren Wohl und Pflege eben jener Paulanerorden berufen worden war. Und in diesem Schatz befand sich auch ein echter Nagel vom Kreuz Jesu.

Bereits am nächsten Morgen hatte sich der verschlagene Mönch nach der Morgenandacht aus dem Kloster in die Residenzkapelle geschlichen und schwang zwischen all den Heiligtümern scheinbar schwer beschäftigt den Staubwedel.

Mit wenig Interesse für die angesammelten religiösen Schätze polierte er den Behälter mit den Barthaaren der Apostel Petrus und Johannes, schüttelte die Milben aus dem Stroh der Krippe Christi und entstaubte das Tischtuch des letzten Abendmahls.

Nachdem er die Kapelle bereits dreimal erfolglos abgeschritten hatte, wollte er schon aufgeben, als er ein letztes Mal den Altar lustlos abwedelte. Da entdeckte er eine kleine, unscheinbare Kurbel, die er flugs betätigte. Wo sich eben noch ein Altarrelief befand, tauchte plötzlich ein prächtiges, silbernes, turmartiges Gefäß auf, darin in kleinen Kästchen ein Stück der Geiselsäule Jesu sowie Erdreich und Leinwand mit Blut befleckt, ein Kreuz aus dem Holz des Kreuzes, den Essigschwamm sowie ein Ast der Dornenkrone – und ein Nagel vom Kreuze Jesu. Für einen Moment betrachtete der Mönch still das prunkvolle Kunstwerk, dann holte er geschwind unter seiner Kutte einen anderen Nagel hervor, den er in weiser Voraussicht in der Klosterschreinerei entwendet hatte, öffnete geschickt den filigranen Schrein, löste mit leichtem Klopfen den Kreuznagel aus der Verankerung und tauschte ihn aus. Das heilige Metall band er sich mit einer Schnur um den Hals. Dann wischte er noch einmal über den Reliquienschrein, bevor er die Kurbel betätigte und ins Kloster eilte, um die letzten Vorbereitungen für die anstehende Bierprobe zu treffen.

Hier wurde unser Mönch allerdings vor eine neue Herausforderung gestellt. Seinen ursprünglichen Plan, erst einmal nur einen Teil seines Bieres probehalber mit Zauberei zu behandeln, konnte er nicht mehr durchführen, da die Bierfässer der Jungbrauer nicht mehr in der Brauerei, sondern bereits in den großen Saal gerollt worden waren. Jedes Fass trug den Namen des entsprechenden Lehrlings. Die geplante Generalprobe musste also ausfallen. So entschied er sich, alles auf eine Karte zu setzen. Leonardo schlich sich des Nachts aus seiner

Kammer in den Saal, bewaffnet mit einer Kerze, dem teuflischen Buch und dem Nagel vom Kreuz. Der Vollmond blickte schon fast zum Fenster hinein. Flink ritzte er mit dem heiligen Nagel einen verkehrten Drudenfuß mit Ziegenbart in den oberen Zapfen am Fass. Bei oberflächlicher Betrachtung konnte man es leicht für eine schlampig gearbeitete Version des sechszackigen Brauersterns halten. Als er den Zapfen daraufhin öffnete, passierte das Unmögliche, nämlich nichts. Das unter Druck stehende Bier verblieb auf übernatürliche Weise im Fass. Schnell ließ er den Nagel an einer Schnur hinein. Just in dem Moment, als das Mondlicht auf das Holz schien, sprach er die unseligen Worte des Hexenkochbuchs. Ein eisiger Windhauch pfiff durch die Gemäuer und löschte alle Kerzen, ein leises Stöhnen und Seufzen hallte im Saal, dann war Stille. Im Stockfinsteren tappte Leonardo zurück in die Schlafkammer, gespannt auf den nächsten Morgen.

Der folgende Tag zog sich in die Länge, es wurde viel für den Namenspatron des Ordens gebetet. Die Vorfreude auf den geselligen Abend war aber auf allen Gesichtern zu sehen, durften die frommen Männer heute doch einmal über die Stränge schlagen.

Zudem hatte sich hoher Besuch angemeldet: Der Mundschenk des Hofes, welcher zusammen mit dem Klosteroberen das Vorrecht hatte, die Biere als Erster zu verköstigen. Beide genossen diese Aufgabe sichtlich, denn es waren wahrlich gelungene Erzeugnisse dabei. Schließlich kam die Reihe an das verzauberte Fass. Der alte Braumeister runzelte besorgt die Stirn, Leonardo hielt gespannt den Atem an, als die beiden Verkoster die ersten Schlucke zu sich nahmen und daraufhin wie erstarrt innehielten. Stumm blickten sie sich an, dann brach es gleichzeitig aus ihnen hervor: Dies ist der Sieger! Noch nie hätte man so ein vorzügliches Bier gekostet. Die Lobeshymnen waren lang, die weitere Geschichte ist kurz erzählt.

Der verschlagene Mönch war am Ziel seiner Träume angelangt. Nicht nur wurde er umgehend zum Leiter der Brauerei ernannt, der alte Braumeister wurde grummelnd in den frühen Ruhestand geschickt. Eine Kostprobe wurde umgehend an den Hof geliefert und überzeugte dort den Kurfürsten, der den Wunderbrauer sofort persönlich kennenlernen wollte. Das Kloster erhielt nun einen Exklusivvertrag und der Frater einen direkten Zugang zu den höchsten Stellen, den er zu nutzen wusste. Bald versuchte jeder mit Einfluss in der Stadt und am Hofe, die Gunst des Mönchs zu gewinnen. Meist schlichen sich die Honoratioren des Abends im Schatten des Nockherbergs in den Klosterkeller, wo ganz gegen die guten Sitten des Klosterlebens manch wildes Gelage stattfand. Auch Damen soll man zuweilen hierbei gesichtet haben.

Wegen des großen Einflusses des Braubruders bei Hof und in der Stadt sowie der Wichtigkeit für die Einnahmen des Klosters durch die Brauerei wurde dem kein Riegel vorgeschoben. Auch hinterfragte niemand, warum sich der zuvor so untalentierte Mönch in Vollmondnächten in der Brauerei einschloss oder woher das Seufzen und Stöhnen in diesen Nächten stammte.

Andere Brauereien der Stadt holten sich Rat bei diesem Meisterbrauer. Bereitwillig gab Leonardo Auskunft, jedoch anders als gewünscht. Er bediente sich wieder aus dem Hexenkochbuch und schob der einen Brauerei ein Rezept für ein Gebräu unter, das übles Kopfweh verursachte, der anderen eines, das die Därme explodieren ließ. Manch böse Zunge behauptet, dass die so beratenen Brauereien zum Teil bis heute an den zweifelhaften Ratschlägen aus dieser Zeit festhalten.

Dies wäre alles bis zum Lebensende des Mönches so weitergegangen, wenn nicht ein kleiner bescheidener Laienbruder aus der Oberpfalz nach München gekommen wäre, der selbst ein sehr talentierter Braugeselle war, aber von seinem berühmt berüchtigten Mitbruder lernen wollte.

Überrascht stellte Bruder B. schnell fest, dass das Bier des Meisters vor der Abfüllung in die Fässer recht durchschnittlich schmeckte. Nach der Reifezeit war es zwar genießbar, aber alles andere als vorzüglich. Doch immer dann, wenn die Produktion einmal im Monat die Brauerei verließ, war es plötzlich das Wunderbräu, von dem alle schwärmten. Als der Neuling diesen Umstand ansprach, erhielt er keine Antwort. Als sich Bruder B. dann auch noch erdreistete nachzuhaken, wie sich die nächtlichen Gelage, bei denen zwischenzeitlich sogar der Kurfürst zugegen war, mit dem mönchischen Enthaltsamkeitverständnis des Ordensgründers vereinbaren ließen und diesen Tadel sogar vor den Klostervorstand brachte, der sich aber gegenüber des hochmütigen und einflussreichen Braumeisters als machtlos zeigte, wurde er zum Fässer- und Braukesselreinigen abkommandiert.

Während sich also die Oberen die Kante gaben, schrubbte der brave Bruder den Braukessel, spülte die Bierkrüge und schenkte den Großkopferten neu ein. Dabei erfuhr B. so allerhand Verwerfliches, sodass der gläubige Oberpfälzer beim täglichen Gebet für die Sünder Sonderfürbitten gen Himmel schicken musste. Demütig erledigte er aber weiterhin diese Arbeiten.

Eines Abends war der Neuling so vertieft in die Aufräumarbeiten im Lagerkeller, dass er die Zeit vergaß und noch in der Brauerei werkelte, als bereits Zeit für das Nachtgebet war. Als er den Raum verlassen wollte, stellte er jedoch fest, dass die Türen verschlossen waren. Seine Rufe wurden nicht gehört, deshalb beschloss er kurzerhand, es sich auf den Malzsäcken gemütlich zu machen.

Bruder B. war schon eingedöst, als plötzlich Schlüssel in der Tür klirrten. Gerade als er sich bemerkbar machen wollte, erkannte er im fahlen Schein des Vollmonds seinen Meister, den einst so faulen Frater, und zog flugs seinen Kopf zurück. Nun endlich enthüllte sich ihm das Geheimnis des vorzüglichen Bieres. Ein Schaudern lief ihm über den Rücken, als das Seufzen und Stöhnen durch die Gänge hallte, während die

Klosterglocke das zwölfte Mal schlug. Nachdem der unsägliche Braubruder den Lagerraum wieder verlassen hatte, vertiefte sich B. lange ins Gebet und fasste schließlich einen Entschluss.

Im darauffolgenden Monat stand ein großes Fest im Kloster an. Es war das Hochamt für den Gründer des Ordens, Franz von Paola, zu feiern, an dem mittlerweile auch der Kurfürst und sein Gefolge teilzunehmen pflegten. Zudem sollte geklärt werden, welcher Geselle bleiben durfte, um einmal die Brauereileitung zu übernehmen. Hierzu sollte es eine Verkostung geben. Die Ergebnisse der Gesellen mussten sich mit dem Bier aus dem Meisterfass messen. Letzteres thronte in der Mitte und war deutlich größer als die anderen.

Jeder Geselle durfte üblicherweise, bevor sein Werk durch den Kurfürsten und den Klosteroberen verkostet wurde, ein paar erklärende Worte dazu abgeben. Bruder B. kam als Erster an die Reihe und das Publikum wunderte sich sehr, als dieser mit einem Weihwasserkessel auf die Empore trat.

Er wolle, bevor der profane Teil der Feier beginne, noch einmal Gott danken und die Fässer im Namen des Ordensgründers segnen, der stets Enthaltsamkeit und

Gottesfürchtigkeit gepredigt hatte. Zügigen Schrittes trat B. an jedes Fass heran und besprengte es mit Weihwasser. Als er sich dem Fass des Meisters näherte, hob plötzlich das unheimliche Seufzen und Stöhnen an, das Publikum schauderte, und dann geschah etwas Ungewöhnliches. Kaum benetzte das Weihwasser das Fass, begann das Holz zu qualmen, der brave Bruder besprengte es noch ein wenig mehr, da knarzte und knackte es. Schließlich barst der Behälter. Ein erschrockenes Raunen erfüllte den Saal. Was das für ein Teufelswerk gewesen sei, rief ihm der Klosterobere zu. Die Verschwendung dieses Meisterbiers sei eine Sünde! Wortlos nahm B. den neben den Fassresten stehenden Masskrug, der noch mit dem verloren gegangenen Bier gefüllt war und hielt es dem Ankläger hin. Man solle doch erst einmal anstoßen, meinte er in aller Seelenruhe. Jeder Gast hatte bereits zu Beginn der Veranstaltung einen Krug mit des Meisters Bier erhalten und damit angestoßen, nicht ohne das vorzügliche Bier über den grünen Klee zu loben. Verdutzt folgte man dem Vorschlag des jungen, aber selbstbewussten Mönchs. Kaum einer aber behielt den Trank bei sich, so furchtbar schmeckte plötzlich das Gesöff. Große Verwirrung machte sich breit. „Hexerei! Teufelswerk!" riefen die erbosten Gemüter. Der Klosterobere hob die Hand und forderte mit kräftiger Stimme zur Ruhe auf. Dann wandte er sich an den braven Bruder, dass dieser sich nun erklären solle. Und B. erklärte. Und wie! Den Zuhörern blieben vor Staunen die Münder offen. Es war jedoch nicht nur der Inhalt, der sie überraschte, sondern auch die gewitzte Art und Weise, der trockene, aber forsche Humor, mit dem der Oberpfälzer nicht nur kurz und knapp den Umstand der Bierverwandlung erläuterte. Alle Blicke richteten sich dabei auf den unseligen Braumeister, der eben den Saal verlassen wollte. Schnell wurde er festgehalten und unter der Kutte der Nagel vom Kreuz Christi als Beleg der Anschuldigungen entdeckt. Doch der in Fahrt geratene Bruder beließ es nicht bei dieser Enthüllung, er nutzte vielmehr sein Wissen über die Groß- und Größerkopferten, das er an den langen Zechabenden im Brauabend sammeln konnte, um diesen gehörig die Leviten zu lesen.

Während die Angesprochenen mit steinerner Miene den treffenden Tadel über sich ergehen ließen, zeichnete sich auf den Gesichtern der Anderen zunächst ein leichtes Schmunzeln ab, bald hörte man ein Kichern und schließlich war herzhaftes Lachen von allen Seiten zu hören. Besonders laut lachte hierbei der Kurfürst. Plötzlich blickte Bruder B. stumm auf den Landesherrn. Augenblicklich wurde der Saal mucksmäuschenstill. Ob er es wirklich wagen würde? Er wagte. Nun war kein Lachen mehr zu hören. Die Miene des Kurfürsten war steinern. Die Leibwache umfasste die Hellebarden fester, bereit, den frechen Redner jeden Moment von der Empore zu zerren. Doch Bruder B. ließ sich nicht einschüchtern, immer weiter und immer schärfer kritisierte er den Landesherrn. Dessen Kopf wurde puterrot und plötzlich platzte es aus ihm heraus: ein herzhaftes, donnerndes Lachen. Kurz darauf brüllte der ganze Saal.

Als die Bußpredigt geendet hatte, trat der Kurfürst, mit Bauchschmerzen vor Lachen, auf den braven und ehrlichen Bruder zu, bedankte sich für dessen Mut und wahren Worte, beklagte aber, dass es nun kein Bier mehr zum Anstoßen gäbe. Kurzerhand zapfte B. die erste Mass von seinem Gesellenbier und überreichte es dem Kurfürsten mit salbungsvollen Worten für den Landesvater, der dieses wahrlich gelungene Werk sichtlich genoss und sogleich die Bitte äußerte, dass der Oberpfälzer die Brauerei leiten sollte. Wie es auch kam.

Bruder Leonardo hingegen musste Buße tun und fortan im Klostergarten Unkraut jäten. Ihn in die Bibliothek zurückzuschicken, empfand man als zu gefährlich. Äußerlich schien der faule und hochmütige Frater auch seine Lektion gelernt zu haben, doch innerlich zerfraß ihn der Neid auf den redlichen Erfolg des braven Braubruders. Er sann auf Rache.

Eines Nachts schlich er sich daher in den Bierkeller unterm Nockherberg. Unter der Kutte hatte er drei große Trinkschläuche mit einer für das Bier verderblichen Mischung. Leonardo hatte den Saft der Zuckerrüben mit dem sauren Saft einer Zitrusfrucht aus dem Klostergarten gemischt. Flink goss er das Gebräu in das für den Kurfürsten bestimmte Fass, in der Hoffnung, so Bruder Bs. Ruf zu ruinieren. Diese Tat war allerdings der Tropfen, der das sprichwörtliche Fass zum Überlaufen brachte. War er in seinem Leben bereits durch Faulheit, Hochmut und Gier aufgefallen, wollte der Herrgott den Neid nicht auch noch ungestraft lassen. Als Leonardo aus dem Bierkeller ins Freie trat, traf ihn aus heiterem Himmel ein Blitz und er wart augenblicklich versteinert – und ist es bis heute. Man findet sein Gesicht am Fuße des Nockherbergs, wo er alle Sünder mahnen soll.

Seine Missetat wurde zum Glück rechtzeitig entdeckt. Aber als man gerade das Fass in den Auer Mühlbach kippen wollte, kam ein geiziger Radmacher mit seinem Gespann von Giesing den Berg herab. Er kaufte es für billiges Geld für seine Gesellen, gegen die er eine Wette verloren hatte. Begeistert von der erfrischenden Note im Bier forderten die Handwerker bald mehr, sodass das Biergemisch für die „Radler", wie man die Radmacher nannte, bald zum Standardrepertoire der Brauerei gehörte.

Die echten Münchner Hausberge

Es gehört mittlerweile zum guten Ton, dass der Münchner seine Wochenenden in den sogenannten Münchner Hausbergen verbringt, welche nicht einmal so nah an München liegen, wie der sogenannte Münchner Flughafen im Erdinger Moos vor den Toren Freisings.

Einst pilgerten die Münchner in ihrer Freizeit allerdings nicht auf den Hochgern oder die Brecherspitze, sondern gingen auf die echten Münchner Hausberge: Nockherberg, Hackerberg und wie sie alle heißen, auf denen die Brauereien ihre Biergärten betrieben. Ein jeder kehrte in den Biergarten ein, an dessen Fuße er wohnte. Da nun nicht jeder das Glück hatte, in der unmittelbaren Nähe einer bierseligen Anhöhe zu wohnen, entwickelte sich an den Wochenenden ein stadtteilübergreifender Zechtourismus. Zunächst stellte der Zustrom aus ferner gelegenen Vierteln für die ortsansässigen Biergartenbesucher kein Problem dar. Man war als Hiesiger trotzdem meist unter sich, jeder bekam einen Platz unter den schattenspendenden Kastanien, wo man vom aufkommenden Großstadtstress entspannen konnte. Doch hier lag das Problem: München war eine werdende Großstadt, und es zogen immer mehr Menschen in die kühlenden Bieroasen. Vor allen Dingen Zugroaste, Studenten und erfolgreiche Jungunternehmer strömten in Scharen auf die Berge und bereiteten zunehmend Ärger: Nur wer früh kam, ergatterte noch einen Platz, die Bedürfnisanstalten waren überlastet, sodass das Wildbieseln gang und gäbe wurde, und die Droschken der Parvenüs parkten die Gassen und Hofeinfahrten zu.

Ganz Haidhausen und das Westend litten unter dieser Erscheinung, aber auch weiter südlich pilgerten jedes Wochenende und feiertags Massen zur Menterschwaige am Hangufer der Isar. Darunter war auch ein junger Mann, dem das alles zu viel wurde. Er befand sich zudem an einem Tiefpunkt seines Lebens: Seine Verlobte hatte ihn betrogen, seine Karriere als Schriftsteller wollte auch nicht so recht an Fahrt gewinnen und die Zeitung, für die er gelegentlich schrieb, drohte ihm mit Rauswurf, wenn er nicht alsbald etwas Anständiges ablieferte. Nachdenklich verließ er den Trubel der Menterschwaige, zweifelte an sich und dem Leben, als er plötzlich in der Ferne die bayerischen Alpen erblickte, welche eine unbekannte Sehnsucht nach der Ewigkeit und Ruhe in ihm weckten. Ein Ruck durchfuhr ihn, der ihn schleunigst nach Hause eilen ließ. Dort angekommen, kratzte er all seine Ersparnisse zusammen, warf seine wenigen Habseligkeiten in einen Beutel und machte sich auf zum Bahnhof, um die nächste Lokalbahn nach Süden zu nehmen.

In Kochel angekommen mietete er sich im billigsten Gasthof ein. Außer ihm waren nur zwei Österreicher anwesend. „Verrückte san dös", sprach der Wirt, als er ihm das Abendessen servierte. „Die san heut den Herzogstand nauf und zum Heimgarten nüber, zum Spass! Wer macht den sowas? Bergsteign zum Spass?" Warum der Herr denn da sei? Er wolle in den Bergen seine Ruhe finden, antwortete er vielsagend. Der Wirt nickte lediglich, begann dann ausgiebig über die preußischen Sommerfrischler, die stundenlang über ihrem Glas Selters verdursteten, zu schimpfen und zog ab. Der Schriftsteller wandte sich neugierig den beiden Österreichern zu.

Am nächsten Tag verließ er, nachdem er einen Abschiedsbrief auf dem Nachttisch platziert hatte, in aller Früh sein Zimmer, um seine letzte Wanderung zu unternehmen. Die Österreicher hatten ihm am Abend zuvor den Weg zum Grat erläutert. Oben angekommen, wollte er sich dann hinunterstürzen, um endlich die ersehnte Ruhe zu finden.

Am Gipfel angekommen überwältigte ihn jedoch der Ausblick, Euphorie und Lebensfreude in nie gekanntem Maße durchströmten ihn plötzlich und, anstatt sich hinabzustürzen, sog er die kühle, klare Luft ein und war Gott dankbar zu leben.

Kaum wieder im Tal angekommen, zerriss er den Abschiedsbrief, kramte seinen letzten Bogen Papier heraus und schrieb alles nieder. Den Bericht schickte er umgehend an die Zeitungsredaktion in München. Nun hieß es warten und weitere Gipfel besteigen.

Die Antwort aus München kam schneller als gedacht: Sein Bericht wäre ein voller Erfolg gewesen, ob er denn noch weitere schicken könnte. Anbei lag ein Vorschuss in beträchtlicher Höhe.

Nachdem er seine weiteren Wanderungen zu Papier gebracht und abgeschickt hatte, machte sich der Bergschreiber nun finanziell frisch ausgestattet in das nächste Tal auf.

So bekam er nicht mit, welche Auswirkungen seine Berichte in der Isarmetropole hatten: Sie sorgten dort nämlich für große Aufruhr. Kurz nach Erscheinen seines ersten Berichts machten sich bereits die ersten auf, um auf den Spuren des vermeintlich unglücklichen Schriftstellers zu wandeln. Die neuen Texte befeuerten diese Entwicklung noch, andere Zeitungen sprangen auf den Zug auf und schickten ihre eigenen Leute ins Voralpenland. Nun las man nicht nur Tatsachenberichte über Erstbesteigungen, sondern es wurden auch Erzählungen veröffentlicht, in denen mutige Helden, gewichtige Schutzmänner, aufopferungsvolle Mediziner und hingebungsvolle Sennerinnen in den Bergen allerlei Abenteuer zu bestehen hatten. Immer mehr Münchner pilgerten nun in ihrer Freizeit zu den literarisch verklärten Gipfeln des Voralpenlands. In den Biergärten auf den Münchner Anhöhen kehrte alsbald eine gespenstische Ruhe ein, sodass man in den Feuilletons die Frage zu lesen bekam, ob die Alpen die neuen Hausberge Münchens seien.

Derweil zog der Schreiberling von Ost nach West. Zu jedem seiner Geheimtipps folgten ihm kurz darauf die Massen, um den neuen Gipfel als Münchner Hausberg unter Beschlag zu nehmen. Bald dachte keiner mehr an den Nockherberg oder die Schwanthalerhöhe, wenn einer davon sprach, am Wochenende auf einen Hausberg zu gehen.

Am Ende seiner Wanderschaft war der Schriftsteller ein gemachter Mann. Leider hatte er nicht viel von seinem Ruhm und Wohlstand, da er kurz nach seiner Rückkehr nach München starb. Auf dem Heimweg vom Biergarten an der Menterschwaige stürzte er das Isarhochufer hinunter und brach sich das Genick.

Das Gesicht in der Mauer
des Nymphenburger Schlossparks

Der Nymphenburger Park lädt sowohl zahlreiche Münchner als auch Touristen zum Spazieren und Flanieren ein. Mit etwas Glück trifft man auf den abgelegeneren Wegen sogar ein oder zwei Rehe, die sich aber von dem ganzen Trubel nicht beeindrucken lassen.

Oftmals bleiben diese eigentlich scheuen Wesen auch unbeachtet, denn der moderne Großstädter tendiert zum zügigen Dauerlauf namens Jogging und prustet sich durch die an sich idyllische Ruhe der größtenteils englischen Parkanlage, ohne links und rechts zu schauen. Aber selbst, wenn der Jogger möglicherweise nicht das Reh erblickt, so entdeckt der ambitionierte Freizeitsportler auf der großen Laufrunde an der Mauer entlang etwas ganz Besonderes. Viele würden es auf den ersten Blick für ein profanes Graffito eines Comicgesichts halten, wer aber Runde um Runde dreht, erkennt, dass von dieser Fratze an der Mauer eine besondere Energie ausgeht, die einen auch etwas schaudern lässt.

Dies kommt nicht von ungefähr, war doch der Träger dieses Gesichts ein eher unsympathischer Zeitgenosse, der sich von Wut und verletztem Stolz geblendet mit höheren Mächten angelegt hatte.

Der Name des Nymphenburger Parks verweist bereits auf Naturgeister, doch haben auf dem Gebiet der heutigen Anlage keine antiken griechischen Gottheiten, deren Statuen den Park so schmuck aussehen lassen, geherrscht. Es waren vielmehr heidnische Waldgeister, die verehrt worden waren, lange bevor es München überhaupt gab. So liegt die Nordwestecke des Parks nahe Menzing, welches bereits in vorchristlicher Zeit besiedelt war. In der Nähe des Kugelweihers am Hartmannshofer Bach soll sich sogar ein heiliger Hain befunden haben. Um dem heidnischen Glauben ein Ende zu setzen, siedelten hier die Kapuziner, die dem angrenzenden Waldstück seinen Namen gegeben haben – Kapuzinerhölzl. Die Waldgeister waren dank der überaus erfolgreichen Missionierung der Mönche schon bald weitgehend vergessen und hatten ab der Parkgründung innerhalb der Mauern, zumindest bis zum Einsetzen des Massentourismus aus Fernost und der Erfindung des Joggens, ihre Ruhe vor Menschen.

Sie kümmerten sich vermehrt um die Flora und Fauna, was ihnen grundsätzlich sowieso lieber war. Auch ermöglichten ihnen die Ahas, also tiefergelegte Mauerteilstücke in der Schlossmauer, einen Blick nach außen.

Vereinzelt kam es aber doch zu Begegnungen mit Menschen, wenn auch eher unfreiwillig und selten im Guten – so auch mit dem oben erwähnten Frevler.

Es war zu der Zeit, als man noch aufgrund des sogenannten Durchblicks vom Nymphenburger Schlosspark auf die Blutenburg blicken konnte. Das ehemalige Jagdschloss der Wittelsbacher trägt den Namen nicht umsonst, hatten doch zahlreiche Rehe, Wildschweine und Hirsche ihr Leben zum Vergnügen der Adligen lassen müssen. Zu dieser Zeit war aber aus dem kostspieligen Schlösschen, für welches Herzog Albrecht III. finanziell kräftig hatte bluten müssen, ein Ausflugslokal für gehobene Schichten geworden, an dem sich somit weiterhin Jagdgesellschaften trafen, wie an jenem schicksalshaften Tag.

Man hatte die Jagd bereits beendet und das zweite Fass Bier angezapft, als man plötzlich einen prächtigen Hirsch im Durchblick erspähte. Man ärgerte sich lautstark, war doch die zuvor zu Ende gegangene Jagd ohne Erfolg geblieben. Schuld war ein eitler Kerl, der aus Versehen seine Büchse zu früh hatte knallen lassen, jegliches Wild vertrieben und sich so zum Gespött aller gemacht hatte. Seinen Frust hatte besagter Jägersmann mit Schnaps zu ertränken versucht, als er nun die vermeintliche Möglichkeit sah, seine Ehre wiederherzustellen. Er stellte sich wankend auf den Tisch und brüllte, er wolle in alle Ewigkeit das Jagen lassen, wenn er nicht heute dieses Prachtexemplar von Hirsch erlegte. Schallendes Gelächter scholl ihm entgegen, sodass der Gekränkte wutentbrannt die Jagdhunde von der Leine ließ, auf sein Pferd sprang und wie der Teufel höchst persönlich auf den Hirsch in der künstlichen Lichtung zu ritt. Schnell hatte die Meute das Ziel der neuerlichen Unternehmung ausgemacht und stürmte bellend voran. Das Tier, aufgeschreckt von dem bedrohlichen Getöse, sah seine einzige Hoffnung in der Flucht Richtung Schlosspark. Mit einem gewaltigen Satz sprang der Hirsch über den Graben und die dahinter liegende abgesenkte Mauer, einem Aha, in den rettenden Park. Die Hundemeute war ohne Chance, vom Graben aus blieb ihr nur die mannshohe Mauer anzukläffen.

Als der Jäger an dieser besonderen Schlossmauer angekommen war, war der Hirsch bereits außer Schussweite. Kurz entschlossen gab er seinem Pferd die Sporen und setzte ebenfalls zum Sprung über das Hindernis an, da trat plötzlich, förmlich aus dem Nichts, ein grüngewandeter junger Bursche mit schulterlangen braunen Haaren, grünen Augen und recht spitzen Ohren auf die Mauer des Ahas, sodass sich das Pferd des Jägers vor Schreck aufbäumte. Wutentbrannt herrschte der Waidmann, der sich gerade noch im Sattel halten konnte, den Jüngling an, ob er denn lebensmüde sei. Er solle sofort den Weg auf der anderen Seite freigeben. Dieser entgegnete jedoch seelenruhig, aber mit einem drohenden Unterton in der Stimme, ob sich der Jäger vielmehr des Frevels bewusst sei, den er im Begriff zu begehen sei. Kein Lebewesen dürfe auf dem Grund des Schlossparks gejagt werden. Dies sei bei Strafe verboten.

Der Jäger presste ein paar unselige Flüche zwischen den Lippen hervor, wandte sein Pferd ab, aber nur um Anlauf für einen zweiten Sprungversuch zu nehmen, dabei legte er seine Büchse auf den Burschen an, um ihm einen Schrecken einzujagen. Der Grüngewandete verzog weder eine Miene noch bewegte er sich einen

Zoll, sodass der Waidmann, geblendet vor Wut und Alkohol, abdrückte. Wieder scheute sein Pferd und als sich der Büchsenrauch gelegt hatte, war vom Jüngling keine Spur zu sehen. Jetzt gab es kein Halten mehr. Wie von Dämonen gejagt, peitschte der Jäger das Pferd auf den Aha zu, um den halsbrecherischen Sprung zu wagen. Im letzten Moment scheute das Tier ein drittes und letztes Mal und sein Peiniger flog im hohen Bogen über den Graben in Richtung Schlossmauer.

Durch den Schuss neugierig geworden, hatten sich die Mitstreiter des jähzornigen Jägers ebenfalls auf den Weg zum Aha gemacht. Sie fanden dort allerdings nur das Pferd, vom Waidmann fehlte jede Spur. Und er ward auch nie wiedergefunden. Nur manchmal taucht seitdem sein Gesicht in der Mauer des Nymphenburger Schlossparks auf, an Stellen, wo sich das scheue Wild zurückzuziehen pflegt. So kann er es stets sehen, aber nie erlegen und muss so das Jagen in alle Ewigkeit sein lassen.

Zwei Uhren sind keine zu viel –
wie der „Alte Peter" zu seinen acht Uhrblättern kam

Viele Kirchen in München haben zwei Eingänge, manche Kirchen haben sogar zwei Türme, aber nur eine Kirche trägt an ihrem Turm auf jeder Seite zwei Uhren. Ein Kuriosum, das den Alten Peter besonders macht. Warum, weiß kein Mensch, aber möglicherweise wollte der Herrgott selbst, dass es so kommt, als er mit einem Blitzschlag den alten Turm 1607 niederbrennen ließ.

Die Pläne des Architekten Schön d. Älteren hatten ursprünglich jedoch keine weiteren Uhrenblätter vorgesehen, befand sich doch in den Ruinen des alten Turms eine noch rettbare Uhrenanlage, die den Münchnern vertraut war. Und wenn der Münchner eines mag, dann ist es etwas Vertrautes. Die ursprünglichen Pläne sahen also vor, den Turm wieder in seinem Ursprungszustand herzustellen, lediglich die beiden Spitzhelme, die als Bedachung dienten, sollten durch einen einzigen stattlichen Turm ersetzt werden.

Die Pläne wurden bei den zuständigen Stellen vorgelegt, für gutgeheißen und an eine vertrauenswürdige Schreibwerkstatt zur Vervielfältigung weitergereicht, sodass die Handwerker unverzüglich ans Werk gehen konnten.

Das folgenreiche Missgeschick ereignete sich, als der Meister der Schreibwerkstatt und Buchdruckerei Wanning zur Mittagspause absentierte, nicht aber ohne zuvor seine Gesellen Karl Wellano und Valentin Liesl genauste Instruktionen für die Anfertigung der Pläne zu erteilen. Die beiden Burschen waren zuverlässige Handwerker, die sich aber gerne die Zeit, wenn der Meister außerhaus war, mit Späßen und Sprüchen vertrieben. Diesmal wollte Wellano die Loreley stilecht von einer Klippe herab vortragen und hatte dafür den Arbeitstisch frei geräumt. Dabei hatte er allerdings das Tintenfass, welches bei der hastigen Bewegung von ihm unbemerkt etwas überschwappte, auf eben den Originalplan des Turmneubaus des Alten Peters gestellt.

Noch mit Lachtränen in den Augen setzten die beiden schließlich ihre Arbeit fort. Flugs machten sie sich an die Kopien der Baupläne des Alten Peters. Sie waren kaum mit der letzten Abschrift fertig geworden, als der Bote des Kirchenbauherrns in die Werkstatt ttat, um die fertigen Pläne abzuholen. Hastig rollte man die Duplikate zusammen, ohne die unabsichtliche Veränderung durch die Tintenfassabdrücke bemerkt zu haben. So schnell der Bote kam, so schnell war er auch wieder entflohen und der Meister bekam die kopierten Werke gar nicht zu Gesicht. Der restliche Tag verlief in seinen gewohnten Bahnen. Als der Meister abends das Ergebnis des Tages in sein Bilanzbuch eintrug, fiel ihm auf, dass der Auftrag der Kirchenpläne zwar schon abgeschlossen war, das Original aber noch bei ihm lag. Er war schon mächtig stolz, dass er diese Pläne zu Gesicht bekommen und vertrauensvoll hatte vervielfältigen dürfen. Er ergriff ergriffen das Dokument und rollte es zusammen, um es am nächsten Morgen persönlich zurückzugeben. Als er aber die Rolle in die Transportröhre schieben wollte, fiel ihm auf, dass seine Fingerkuppen schwarz gefärbt waren, obwohl er doch bereits die Hände gewaschen hatte. Erschrocken überprüfte er, ob er das wertvolle Dokument beschädigt hatte. Nein, alles wirkte in Ordnung. Vorsichtig strich er über die Oberfläche, nichts. Er hielt den Plan unter das Kerzenlicht, – und tatsächlich – in der Mitte des Turmes glänzte die Tinte, war nicht matt wie die restlichen Striche. Er prüfte genauer. Hier war der Plan verändert worden.

Sofort ließ er seine Gesellen, die in der Stube über der Werkstatt ihr Nachtlager hatten, antanzen und stellte sie zur Rede: Die beiden waren zunächst verwirrt, dann verlegen. Denn sie waren ebenfalls überfragt, bis Liesl sich erschöpft zurücklehnte, gegen den Tisch stieß und dabei das Tintenfass zu Boden stieß. Da erkannten alle drei den Ursprung des ungewöhnlichen Kreises. Der Meister hob zu einer mächtigen Standpauke an, wollte auch eine Tracht Prügel folgen lassen, war jedoch zu geschockt von der Erkenntnis und ließ sich nur verzweifelt in seinen Stuhl fallen. Am nächsten Morgen müsse er sofort zur Baustelle und den Fehler korrigieren, das wäre sein Ruin, eine Blamage. Die beiden Gesellen mussten zur Strafe die ganze Nacht mit äußerster Vorsicht den Tintenfleck entfernen, was eher schlecht als recht gelang.

Früh morgens machte sich der Meister Wanning auf, um die Handwerker vor Ort über das Missgeschick zu informieren. Allerdings erlebte er hier seine nächste Enttäuschung. Die Handwerker wiesen ihn ab, es könne ja jeder kommen und behaupten, dass die Pläne falsch seien. Sein Plan weise eindeutig eine Manipulation auf, sie bauen jetzt nach den Originalplänen, die bereits jener Handwerksmeister weitergereicht habe. Er solle seinen Plan erst einmal von den entsprechenden Stellen bestätigen lassen, vorher glaubten sie ihm nichts.

Niedergeschlagen marschierte der Buchdrucker zum städtischen Bauamt, doch auch diese wiesen ihn ab, sie seien dafür nicht zuständig, man zuckte nur die Schultern, dies sei eindeutig eine Angelegenheit der Kirche, an diese müsse er sich wenden. So machte er sich am nächsten Tag auf zum städtischen Pfarramt. Hier zeigte man sich von dem Anliegen verblüfft und verwies ihn auf die Zuständigkeit des Hofes, da dieser wahrscheinlich mit erheblicher finanzieller Unterstützung den Bau ermögliche. Die Kanzlei des Hofes wies ihn forsch ab, er müsse zunächst über den Stadtrat eine Eingabe an den Hof einreichen, bevor man sich überhaupt mit seinem Anliegen beschäftigen könne. Der zuständige Beamte der Stadt wiederum forderte zunächst einen Auftrags- und einen Zunftszugehörigkeitsnachweis. Obwohl er beides schnellstmöglich lieferte, kam der Bescheid, dass er die Eingabe formulieren dürfe, erst lange Zeit später. Der Hof reagierte erst gar nicht, dann verhalten und wies ihn schließlich darauf hin, dass man nicht zuständig sei, er sich aber im Namen des Kurfürsten gerne an die erzbischöflichen Baumeister wenden dürfe. Mittlerweile waren mehrere Monate ins Land gezogen, der Turmbau am St. Peter war schon über das Anfangsstadium hinaus, doch von der zweiten Uhr war man noch entfernt.

Endlich erhielt Meister Wanning eine Nachricht vom erzbischöflichen Büro. Man könne nicht sagen, ob es sich hier um einen Fehler handle, da der zuständige Bruder momentan nicht in der Stadt sei. Er befinde sich auf Pilgerreise in der Heiligen Stadt. Sobald er aber zurückgekehrt sei, würde man sich der Sache annehmen.

Leichenblass fasste der Meister den Entschluss, dass er so lange nicht warten könne, sein guter Ruf stand auf dem Spiel. Er packte in der Nacht noch seine sieben Sachen und brach selbst Richtung Rom auf, um den zuständigen Priester zu finden. Seinen Gesellen sagte er Lebewohl, übertrug seinem Sohn die Werkstatt und machte sich über Bad Aibling geschwind wie ein Radfahrer gen Rom.

Aber auch in der Ewigen Stadt fand sein pessimistischer Optimismus sein Ende. Zwar tönte er sein Anliegen über die Straßen und Plätze wie ein Feuerwehrtrompeter und lief von Pontius zu Pilatus, aber eher steht das Wasser zwei Zentimeter über den Rand eines Aquariums, als dass man in Rom einen bestimmten Priester findet. Der Meister war kurz vor der Rückkehr in die bayerische Heimat, fehlten ihm doch die Semmelknödeln und er fühlte sich als Fremder in der Fremde so fremd, als er auf dem Petersplatz plötzlich einen Pater mit bairischem Zungenschlag sprechen hörte. Schüchtern wie ein Konfirmand sprach der verzweifelte Meister ihn an. Und tatsächlich kannte der Pater den beschriebenen Kollegen, sei er doch der Notenwart ihres wöchentlichen Chors gewesen. Leider sei jener bereits vor Monaten nach München zurückgekehrt. Euphorisiert verabschiedete sich der Buchdrucker und eilte in seine Heimatstadt zurück. Die alte Werkstatt war in der langen Zeit seiner Abwesenheit unter seinem Sohn erfolgreich weitergeführt worden, die beiden Gesellen waren jedoch fortgelaufen und hatten sich dem fahrenden Schaustellervolk angeschlossen. Schnurstracks begab sich der Meister zum erzbischöflichen Büro, in der Hand die mittlerweile recht mitgenommene Zeichnung. Dort erklärte man ihm, dass er sein Anliegen zunächst schriftlich einreichen

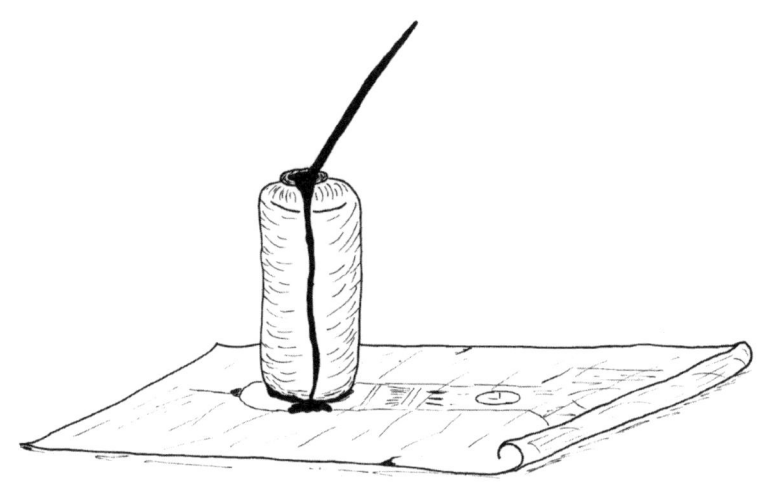

müsse, wenn er einen positiven Bescheid bekäme,
könne er einen Termin ebenfalls schriftlich beantragen.
Knapp ein halbes Jahr später schon gelang es dem
Handwerker vorzusprechen. Der zuständige Geistliche
erkannte die Handschrift des zuständigen Architekten
und blickte den Meister traurig an: Dieser sei leider vor
kurzem erst gestorben, das sei der Grund gewesen,
warum er vor Monaten nach München zurückgekom-
men sei. Er sei allerdings in Eile, die Einweihungsfeier
des neuen Turms von St. Peter stehe an. Zudem sei es

bereits eh zu spät: Die Uhr sei eingebaut. Man habe sich außerdem entschieden, auf jeder Seite ein Uhrenblatt anzubringen, denn wie komisch sähe es denn aus, wenn nur an einer Seite zwei Ziffernblätter zu sehen seien. Man hatte einen Fehler im Plan angenommen.

Meister Wanning trottete, nachdem er diese Antwort erhalten hatte, zum neuen Alten Peter und sinnierte über die Folgen von unachtsamen Tintenfassflecken. Wenigstens, dachte er, können nun acht Personen gleichzeitig die Zeit ablesen.

Der vergessene Held der
Sendlinger Mordweihnacht

Das Massaker von Sendling, welches sich an Weihnachten des Jahres 1705 ereignete, hat sich tief in das altbayerische Bewusstsein gebrannt. Auch finden sich die Namen der Anführer dieses Bauernaufstands gegen die österreichische Besatzung und der damit einhergehenden Drangsalierung der Bevölkerung auf den Straßenschildern in München. Unvergessen ist besonders der Schmied von Kochel. Wird dieser sicherlich zu Recht geehrt, so ist es doch ein Jammer, dass es vor allen Dingen einem Namen nicht gelungen ist, in Erinnerung zu bleiben: der Name des einfachen Stallknechts Wolfgang Berg aus Percha am Starnberger See. Es mag wohl daran liegen, dass er der Stallknecht von Johann Joseph Öttlinger war, der als der „Judas von Sendling" in die Annalen einging, weil er möglicherweise den Aufstand verraten hatte. Vom Schicksal der damnatio memoriae ist also jener stille Held des denkwürdigen Abends betroffen, dabei hat seine Geschichte alles, um in Schulen und an Universitäten gelehrt zu werden, hatte er es doch in der Hand, das Massaker zu verhindern und viele Bauernleben zu retten. Dass es anders kam, liegt an einem gebrochenen Versprechen.

Als Kurfürst Max Emanuel sich im Spanischen Erbfolgekrieg auf die Seite Frankreichs schlug und sich von seinem Bundesgenossen Österreich abwandte, bekam er die Rechnung für diesen Verrat schnell präsentiert. Die kaiserlichen Truppen unter Österreichs Führung schlugen Frankreich und Bayern bei der Schlacht von Höchstädt, der Kurfürst floh ins Exil nach Brüssel und dem französischen Hof war das bayerische Volk recht wurscht.

München und Altbayern wurden infolgedessen besetzt und die Bevölkerung litt unter den Belastungen der österreichischen Besatzung, die sich in Steuern und Truppenaushebungen manifestierte. Im ganzen Land formierte sich der Widerstand, der an Weihnachten 1705 seinen großen Tag hat kommen sehen. Aufgrund unglücklicher Umstände, möglicherweise auch Verrat, scheiterte aber die Zusammenführung der Kampfverbände des Nieder- und des Oberlands, sodass letztere allein auf die kaiserlichen Truppen trafen. Die Verstärkung aus der Stadt München war von den Besatzern ausgebremst worden, bevor sie überhaupt aufbrechen konnten.

Der Kampf war unbarmherzig und aussichtslos. Die verbliebenen Bauern zogen sich auf den Sendlinger Friedhof zurück, legten ihre Waffen nieder und ergaben sich.

Die Kaiserlichen dachten aber nicht daran, Gnade walten zu lassen. Als sie gerade ansetzten, um die wehrlosen Widerständler niederzutrampeln, stürzte der Pfarrer aus der nahe gelegenen Kirche, warf sich vor dem Befehlshaber auf die Knie und bat, im Namen Gottes, um die Schonung der Geschlagenen. Irritiert vom Mut des Geistlichen hielten die Soldaten inne und blickten sich verwirrt nach ihrem Befehlshaber um. Hoch zu Ross erschien er, verärgert, dass sein Befehl nicht stante pede umgesetzt worden war. Mürrisch lauschte er dem Anliegen des heiligen Mannes, überlegte kurz und verkündete darauf, dass er durchaus bereit wäre, den Anwesenden ihr Leben zu schenken, wenn sie eine von ihm gestellte Probe bestünden. Ein Raunen voller Hoffnung ging durch die Reihen der verängstigten Bauern. Man solle ihm zunächst den Wirt des Sendlinger Wirtshauses mitsamt seinen Vorräten bringen, mit diesem habe er eh noch ein Huhn zu rupfen, denn dieser habe, wie er aus sicherer Quelle wisse, den Aufständischen die Nacht zuvor Quartier geboten.

Sogleich wurde der Wirt herangeschafft. Viele Vorräte konnte er nicht aufweisen, was einerseits an der harten Besatzungspolitik lag, andererseits hatten die Widerständler fast alle versteckten Vorräte zur Stärkung erhalten, denn da hatte der Kaiserliche Recht – der Wirt hatte die Aufständischen zuvor unterstützt, verweigerte sich aber dem bewaffneten Kampf, da er Familie hatte. In dem Moment, wo er geholt wurde, wollte er mit seiner Familie unter dem Christbaum das einfache und traditionelle Festtagsmahl beginnen. Über Wochen hatte der Wirt seine Kontakte spielen lassen, um an ein paar nicht mehr ganz so frische Würste zu kommen. Mangels anderer Lebensmittel präsentierten die Soldaten nun ihre magere Ausbeute.

Nun wuchs die Verwunderung unter den Anwesenden. Der Befehlshaber herrschte den Wirt an, er solle zu den Würsten eine Soße servieren. Verzweifelt klagte der Wirt, dass er keinerlei Zutaten dafür zur Hand habe. Da zog der Kaiserliche seinen Degen, ließ seinen Blick schweifen und zeigte schließlich auf das Gewächshaus neben der Kirche, in dem der Pfarrer allerlei exotische Pflanzen zog. Er solle die sonderbare Pflanze mit roten apfelartigen Früchten verwenden. Doch, was wenn sie giftig seien, wandte der Wirt ein. Umso klarer wird die Probe weisen, ob die Missetäter mit dem Leben davonkommen sollten. Der Angewiesene machte sich an die Arbeit, erwärmte die Würste über dem eilig aus den Sensen und Knüppeln der Bayern entzündeten Feuer und zermatschte die Früchte zu einer siedeheißen Soße. Als alles bereit war, griff der Berittene in seine Manteltasche und zog ein kleines Säckchen hervor, in dem sich ein sonderbares rotes Pulver befand, welches er von seinen ungarischen Husaren erhalten hatte und das er über die Würste und die Soße streute.

Wer es schaffe, von diesem Mal zu essen und es bei sich zu behalten, dem schenke er die Freiheit. Gelinge es einem, alles zu vertilgen, kehrten alle in der Nacht noch heim.

Nach anfänglichem Zögern trat einer hervor, griff zur Gabel und führte das erste Stück Wurst zum Mund, doch als das rote Pulver an seine Nase kam, musste er so kräftig niesen und husten, dass er die Portion zurück in den Topf fallen ließ. Da trat ein zweiter hervor, packte ein anderes Stück, hielt sich die Nase zu und biss zu. Doch kaum hatte seine Zunge die Schärfe des Pulvers geschmeckt, musste er den Bissen ausspucken, sodass er vor ihm im Dreck lag.

Große Verunsicherung machte sich breit, nur der Befehlshaber brach in schallendes Gelächter aus und machte sich über das Bauernpack lustig, das wohl noch nie ungarische Paprika in seiner schärfsten Form genossen hätte. Als er den Degen hob, um den letzten Angriff zu eröffnen, teilte sich plötzlich die Menge der schlotternden Bauern, der Schmied von Kochel wurde zur Seite geschoben und ein Berg von einem Kerl stand vor dem Kessel. So breit wie hoch und noch zwei Köpfe größer war der Stallknecht Wolfgang Berg, genannt Berg Wolf, aus dem Starnberger Aufgebot, der, seit er denken konnte, was allerdings nie so ganz seine Stärke war, alles gegessen und mit Schnaps runtergespült hatte. Er griff mit bloßer Hand in den siedenden Topf, schöpfte die erste Portion. Nicht mal ein Zucken war in seinem Gesicht zu sehen – weder vor Schmerz wegen der Hitze noch vor Schärfe. Eh man sichs versah, war der Topf geleert.

Verdutzt blickten die Kaiserlichen auf die plötzliche Wendung der Geschichte. Von Zietlow jedoch, so war der Name ihres befehlshabenden Offiziers, besann sich und verwies grinsend auf das letzte Stück am Boden, welches zuvor ausgespuckt worden war. Er kannte keinen Ekel, wenn es darum ging, andere bloßzustellen. Eine Angewohnheit, die sich in seiner Familie noch über Generationen vererben sollte. Doch Berg zögerte nicht einen Moment. Seine Pranke erfasste nicht nur das letzte Stück, sondern auch die darum herumliegende Erde. Triumphierend blickte er mit knirschendem Kauen auf den hochmütigen Adligen, der ihn nur wie versteinert anstarrte. Er solle sie nun heim gehen lassen, forderte der Pfarrer noch schüchtern. Angespannte Stille. Mit leiser, fast unhörbarer Stimme zischte er, dass der Pfaffe ja recht habe. Er wolle zu seinem Wort stehen und die Bauern heimschicken, heim zu ihrem Schöpfer. Bevor die umstehenden Bauern den Sinn dieser Worte verstehen konnten, sank der Geistliche von einem Hieb getroffen zu Boden. Nun brach ein riesiges Getümmel los. Die waffenlosen Bauern wehrten sich verbissen gegen das unabwendbare Schicksal, doch waren sie zu schwach. Jetzt konnten ihnen weder der Schmied von Kochel noch der Berg Wolf mehr helfen, der, gestärkt von dem eigentlich köstlichen Mahl, allein zwanzig Soldaten mit bloßen Händen niederrang und auf dessen Kappe die Hälfte aller erschlagenen Kaiserlichen ging. Unter den Schwerthieben von zahllosen Berittenen brach er schließlich zusammen, von Zietlow ließ ihm als Strafe für die Schmach auf dem Gottesacker noch den Kopf und die Gliedmaßen abtrennen. Schließlich blieb keiner am Leben. Die Soldaten zogen nach der Plünderung und Zerstörung Sendlings alsbald in die Stadt, zurückblieb einzig der Sendlinger Wirt, der sich im Gewächshaus versteckt hatte. Der offene Widerstand der einfachen Bevölkerung war gebrochen. Die Anführer verfolgt und hingerichtet.

Insgeheim aber bildete sich um den Sendlinger Wirt ein Geheimbund von Gastronomen, dessen Ziel es war, die kaiserlichen Truppen durch Sabotage zu schwächen. Kein Besatzer erhielt mehr ein Essen, das nicht zu Magenverstimmung, Übelkeit oder Durchfall führte. Auch versuchte man an die Vorräte der Truppen zu gelangen, um deren Versorgung zu schwächen. Da das Land ausgeblutet war, hatten die Österreicher begonnen, Lebensmittel aus ihrer Heimat zu importieren. Darunter war auch eine besondere Knollenwurzel aus der Linzer Gegend, die den eigentümlichen Namen Potaten trug. Es gelang der Gruppe immer wieder, Säcke dieses kraftgebenden Gemüses zu entwenden. Da man nicht sicher wusste, wie man sie zubereitet, brutzelte man sie vorsichtshalber in reichlich Fett. Auch war es dem Wirt gelungen, die mysteriöse Pflanze des Pfarrers zu retten. Er nannte sie Paradeiser, da die Frucht seinen Mitstreitern den Weg in das himmlische Paradies eröffnet hatte. Später sollten ausgerechnet die Österreicher diesen Namen für Tomaten übernommen haben.

Wenn sich die Gruppe für die Planung neuer Aktionen traf, gehörte es zum Ritual, sich eine geschnittene Wurst in roter Soße mit frittierten Erdäpfelschnitzen zu teilen. Die Kartoffelstücke wurden ebenfalls mit der roten, aber auch mit einer weißen Sahnesoße überschüttet, was die Landesfarben Österreichs repräsentieren sollte, welches man dann sinnbildlich vertilgte. Man trank dazu Schnaps und ließ den Berg Wolf noch einmal hochleben, hoffend, durch dieses Mal seine Stärke zu erhalten. Manchmal gelang es sogar, ein Sackerl Paprikapulver zu ergaunern, deren Schärfe dem Gericht eine besondere Note verlieh.

Der Gruppe wurde aber noch vor der Rückkehr des Kurfürsten durch Verrat ein Ende bereitet. Während einige Mitglieder in den Kerkern verschmachteten, gelang ein paar anderen die Flucht über die Donau in fernere Teile Deutschlands – namentlich in das Ruhrgebiet, nach Hamburg und Berlin. Sie nahmen ihre Erinnerungen an den Berg Wolfgang und das geheime Gericht mit. Vor Ort passten sie es den Gegebenheiten an. Ungarische Paprika war weiter im Norden nicht erhältlich, so musste es dann auch Curry aus der Hafenstadt Hamburgs tun und anstelle von Sahnesoße auf den Kartoffelschnitzen war es dann Mayonnaise, da man im Norden alles damit würzt: Kartoffelsalat, Heringsbrötchen und Vanillepudding.

In München geriet all das nach der triumphalen Rückkehr des Kurfürsten in Vergessenheit. Man munkelt aber, dass es in späterer Zeit wieder die Möglichkeit gab und noch gibt, sich nachts und im Verborgenen bei Wurst, Pommes und Schnaps Mut anzufuttern und anzutrinken, den genauen Ort, weiß nur der Berg Wolf.

Und es dreht sich doch oder warum das Restaurant im Olympiaturm fast nie rotiert wäre

Der Olympiaturm ist eines der markantesten Wahrzeichen Münchens. Atemberaubend ist nicht nur die rasante Fahrt mit dem Aufzug, sondern auch die Aussicht von der Besucherplattform. Wenn man zudem etwas Zeit und Geld hat, kann man den Blick über die Stadt bis zu den Alpen vom Restaurant unterhalb der Besucherplattform genießen. Das hat den Vorteil, dass es nicht so zugig ist und man sich selbst nicht bewegen muss, denn das Restaurant dreht sich um die eigene Achse.

Drehrestaurants gibt es zahlreiche in der Welt, doch das besondere am rotierenden Restaurant im Olympiaturm ist, dass es beinahe ein sich nicht drehendes Drehrestaurant geworden wäre, denn während der Planungsphase kam es zu einem Eklat.

Alle wichtigen Herrschaften hatten sich eingefunden, um der Präsentation der Baupläne des neuen Funkturms am Oberwiesenfeld beizuwohnen. Als die Sprache auf das Drehrestaurant kam, fiel auf, dass ein wichtiges Detail noch nicht geklärt worden war: In welche Richtung sollte sich das Restaurant überhaupt drehen.

Die Stadtoberen favorisierten eine Drehung im Uhrzeigersinn, um den Besuchern unmittelbar beim ersten Betreten des Raumes aus dem Aufzug den Blick auf die Altstadtsilhouette zu ermöglichen. Die Vertreter der nördlichen Viertel sahen das ganz anders. Man befürchtete, dass sich der Besucher, wenn er sich an der Frauenkirche und dem Alpenpanorama satt gesehen hatte, Hunger verspürte, seinen Sitzplatz anstrebte und sich der Speisenkarte zuwendete – ohne den Norden nur eines Blickes zu würdigen. Nach der Bestellung würde der Gast dann wieder nach Süden blicken und beim Servieren der Speisen befände er sich erneut im Norden und sein Blick auf dem Teller. Ein Teufelskreisel aus Sicht der dadurch ständig Ignorierten. Lautstark forderten sie den Wechsel der Richtung. Schließlich finanzierten die im Norden ansässigen Unternehmen mit ihren Steuerzahlungen zum erheblichen Teil den Haushalt der Stadt und wollten daher nicht ignoriert werden. Die Vertreter des Fremdenverkehrsamtes führten erbost an, dass es im Norden außer Bauernhöfen, Hasenhügeln und Fabrikhallen nichts zu sehen gäbe.

Die Auseinandersetzung geriet immer hitziger und verfahrener, die Architekten versuchten verzweifelt sich Gehör zu verschaffen, ihre Meldungen wurden aber einfach ignoriert. Schließlich sah sich der Oberbürgermeister gezwungen einzuschreiten: Herrschaftszeiten! Gleich dreht sich hier gar nichts mehr!

Plötzlich herrschte Ruhe. Denn daran hatte niemand Interesse. Vor allen Dingen der zukünftige Pächter des Restaurants wollte diesen Umstand vermeiden, denn insgeheim fürchtete er bei einem Stillstand, die nördlichen Tische kaum bis gar nicht besetzt zu bekommen, da in seinen Augen wenig Beeindruckendes in Feldmoching oder Fröttmaning zu sehen war. Diese scheinbare Ödnis hätte bei einem rotierenden Gastraum jedoch den Vorteil, dass die Kellner die Bestellungen aufnehmen könnten, ohne die Gäste bei Ausblick gen Süden zu stören. Aber ein in Richtung Norden rotierendes Restaurant wäre auf jeden Fall besser als ein stehendes Drehrestaurant, dachte er.

Er schlug daher vor, dass die Richtung fair per Münzwurf entschieden werden sollte. Man sah dies als

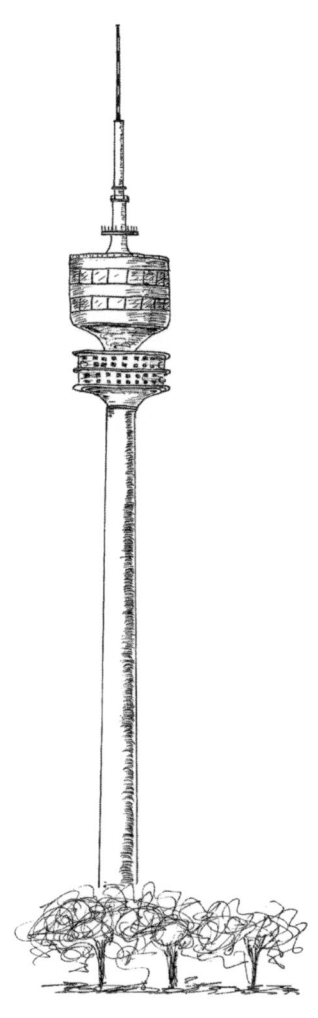

die beste Lösung an. Gespannt beobachteten alle Anwesenden, wie die Münze durch die Luft segelte und schließlich die Seite der Innenstadtbefürworter oben auflag. Seit dem dreht sich der Turm im Uhrzeigersinn. Die Vertreter des Nordens gestanden murrend ihre Niederlage ein.

Vergessen haben sie diese aber nie: In den folgenden Jahren und Jahrzehnten tauchten im Münchner Norden immer mehr Bauwerke auf, die das Interesse der Besucher auf sich zogen, wie beeindruckende Firmengebäude, mächtige Windräder oder ein aufgeblasenes Fußballstadion, sodass die Kellner heute nur noch mit Mühe die Bestellung aufnehmen können, da die Gäste nun auch im Norden etwas zu sehen bekommen und wenigstens während der ersten Umdrehung keine Zeit für einen Blick in die Speisenkarte haben.

Die ganze Aufregung beim Planungsausschuss war allerdings völlig unnötig, denn die Architekten des Turms hatten einen zweiten Aufzug eingeplant. Wenn man diesen verlässt, fällt der Blick zuvorderst in den Nordwesten. Aber die Architekten hatte ja damals keiner zu Wort kommen lassen.

Danksagung

Auch wenn der vorliegende Erzählband ein kleiner ist, haben mich doch zahlreiche Personen bis zu seiner Veröffentlichung unterstützt, bei denen ich mich herzlich bedanken möchte:

Katrin, ich danke dir von Herzen, denn ohne dich würde ich wahrscheinlich heute noch an zehn unfertigen Geschichten, einem Kabarettprogramm, vier Karikaturen und zwei Gedichten herumwerkeln, ohne eines der Projekte wirklich fertigzustellen. Vielen Dank für deine Unterstützung, für dein Vertrauen und für dich!

Reinhild, deine Begeisterung für die Isarsurfer hat mich erst motiviert, den Volk Verlag anzuschreiben.

Florian und Margot, euch danke ich, dass ihr mit euren kritisch-wohlwollenden Blicken die Geschichten gesichtet habt.

Michael Volk und dem Volk Verlag Team, möchte ich für das entgegengebrachte Vertrauen herzlich danken.

Und dass ihr meinen Erzählungen einen Platz in eurem erlesenen Verlagsprogramm gewährt habt. Nun kann ich mein Büchlein in einem Atemzug mit dem Kneipenführer „Munich Boazn" nennen. Vielen Dank für diese unverhoffte Möglichkeit!

Ein besonderer Dank geht auch an den Betriebsleiter des Olympiaturms, an Claudia Straßer vom Restaurant 181 und an Klaus Onnich von den Freunden des Münchner Trambahnmuseums für die schnellen und kompetenten Antworten auf meine ungewöhnlichen Fragen.